I'M NOT SPAM!

3

고객 가치를 높여주는

실전!
이메일
마게팅

E-MAIL MARKETING

| 이원준 저 |

DIGITAL BOOKS
디지털북스

고객 도달률을 높여주는

실전!
이메일
마케팅

E-MAIL MARKETING

| 만든 사람들 |

기획 IT · CG 기획부 | **진행** 양종엽 · 최은경 | **집필** 이원준
표지 디자인 원은영 · D.J.I books design studio | **편집 디자인** 이기숙 · 디자인 숲

| 책 내용 문의 |

도서 내용에 대해 궁금한 사항이 있으시면,
디지털북스 홈페이지의 게시판을 통해서 해결하실 수 있습니다.

디지털북스 홈페이지 digitalbooks.co.kr
디지털북스 페이스북 facebook.com/ithinkbook
디지털북스 인스타그램 instagram.com/digitalbooks1999
디지털북스 유튜브 유튜브에서 [디지털북스] 검색
디지털북스 이메일 djibooks@naver.com
저자 이메일 meetme77@naver.com

| 각종 문의 |

영업관련 dji_digitalbooks@naver.com
기획관련 djibooks@naver.com
전화번호 (02) 447-3157~8

고객과 만나서 이야기할 수 있는 방법은 과거 어느 때보다 다양해졌다. 전통적 광고 미디어에 더하여 페이스북, 인스타그램, 카카오톡, 유튜브 등 새로 등장한 뉴 미디어들은 기업이 선택할 수 있는 커뮤니케이션 채널의 선택지를 넓혀주었다. 그러나 기업 간 경쟁은 과거에 비교할 바 없이 극심해지고 있으며, 덩달아 메시지에 귀 기울이는 고객을 만드는 것은 그 어느 때보다 비싸고 힘든 과정이 되고 있다.

누구도 쉽게 고객의 마음을 열 수 없는 이런 시기에 왜 다시 이메일 마케팅에 관심을 가져야 하는가? 이메일 마케팅은 매우 낮은 수준의 투자만으로도 충성도 높은 고객을 만들 수 있으며, 최근에 급증한 구독경제 서비스의 성장을 촉진하기에 유리한 도구이다. 그러나, 여전히 많은 고객들에게 이메일은 메일 수신함을 늘 가득 채우는 단지 성가신 스팸 메일 혹은 개인 정보의 위협 요인에 불과할지도 모른다. 이메일은 여전히 많은 마케팅 관리자에게 성공과 좌절을 동시에 안겨주고 있다.

그럼에도 불구하고 이메일이 가진 성장 잠재력과 개인화된 마케팅 도구로서의 독특한 장점은 기업에게 여전히 매력적이다. 이 책은 기업의 잠재적인 고객 발굴과 기존 고객과의 관계 강화를 위하여 매력적인 이메일 메시지를 발송하기 위한 실제적인 전략과 성공에 필요한 조언을 담고 있다. 이메일 마케팅의 효과성을 높이기 위하여 고객 주소록과 데이터베이스를 구축하는 방법, 메시지의 효과적인 작성방법, 그리고 반드시 준수하여야 하는 고객 퍼미션, 법률과 규제에 관하여 폭넓게 다루고 있다. 특히 최근 국내에서 사용이 증가하고 있는 디지털 이메일 마케팅 플랫폼인 스티비를 활용한 실무과정을 상세히 다루고 있다. 메일 머지(mail merge) 기능의 활용, 이메일 템플릿 작성, 대량 이메일 발송은 물론이고, 퍼포먼스 증대를 위한 이메일 A/B 테스트 진행, 그리고 시나리오에 기반한 자동화된 이메일 마케팅까지 다루고 있다.

이메일 마케팅이 다른 디지털 마케팅 도구보다 단연코 뛰어난 도구라고 말하지는 않겠다. 그러나 투자 대비 효과성이 가장 높으며, 다수의 고객과 가장 효과적으로 커뮤니케이션할 수 있으며, 고객별 개인화에 적합하다는 것은 변할 수 없는 사실이다. 이메일 마케팅을 통하여 성장하기를 기대한다.

"바야흐로 비대면 마케팅의 시대다. 그리고 고객 한 사람 한 사람에게 개인화된 경험을 제공하는 것은 어느덧 성공하는 마케팅의 필수불가결한 요소로 자리잡고 있다. 따라서 개인화된 마케팅 도구로 이메일 활용법을 제시하고 있는 이 책의 출판은 매우 시기적절한 것 같다. 이메일 마케팅이라고 하면 고객들을 정보의 홍수 속에 표류하게 만드는 부정적 이미지가 떠오르기도 하지만, 한편으로는 내가 원하는 그리고 나에게 꼭맞는 정보를 얻는 창구가 될 수도 있다. 후자를 위해 성공하는 이메일 마케팅의 특징과 적용 사례, 그리고 실무적인 팁을 알려주고 있는 이 책의 일독을 권한다."

허석준 (KT경제경영연구소 소장)

"이메일 마케팅은 디지털 마케팅의 시초다. 그래서 음식으로 치면 쌀밥이고, 환경으로 치면 공기이며, 몸으로 치면 근육이다. 그냥 원래부터 존재해서 잘 교육받기 어렵다. 그러나, 쌀밥, 공기, 근육처럼 없으면 살 수 없는 필수적 존재다.

이원준 교수의 강의를 몇 번 들은 적이 있다. 정말 친절하고 착하게 가르쳐 주신다. 이원준 교수의 《실전 이메일 마케팅》을 따라 읽으면, 맑은 공기를 마시고, 맛있는 쌀밥을 먹고, 근육을 단련하는 느낌이 든다. 이메일 마케팅을 하다보면, 반송메일 처리하는 데 몇일을 허비하게 되고, 과연 전달은 되었는지, 효과는 있는 것인지가 모호하여, 안개 속을 걷는 기분이 든다. 그래도 이메일 마케팅은 늘 좋은 결과를 가져다 준다. 이원준 교수의 이 책은, 이메일 마케팅에 드리워진 안개를 시원하게 바람으로 걷어가준다. 독자들은 맑은 공기를 벗삼아 근육을 이용하여 뛰기만 하면 된다. 그러면 맛있는 쌀밥이 기다리고 있다."

이경전 (경희대 경영학과 교수, 빅데이터연구센터 소장)

"이제 고객 데이터에 기반한 마케팅 시대가 왔다. 그 변화의 시작에 있는 이메일과 문자 메시지 마케팅을 알고 싶은 분들에게 권한다. 막대한 비용을 투입하고도 광고나 온라인 마케팅으로 성과를 보지 못하였다면 가장 투자수익률이 높은 마케팅 수단인 이메일 마케팅과 모바일 채널 믹스 마케팅에 주목하기를…"

조종철 (앰엔와이즈 대표이사)

"사업을 하면서 제일 중요한 부분이고 어려운 부분이 마케팅이다. 방식과 비용 문제도 고민이다. 요즘 많이하는 SNS 마케팅은 특정 타겟만 정할 수도 없고, 타겟이 진정한 고객인지도 알 수가 없다. 이원준 교수의 《실전 이메일 마케팅》은 이메일 마케팅 고객관리의 기본을 알려주고 성공하는 방법론을 알려준다. 이로써 '정보의 홍수 속에서 마케팅 성과가 있을까?'라는 의문을 해소해준다. 이 책을 따라하면 성공하는 마케팅을 경험하고, 이는 곧 매출로 이어지게 될 것이다. 또한 이 책은 방법과 비용에 대한 고민을 동시에 해결해주므로, 마케팅의 필독도서라 할 수 있다."

전경희 (도시경영연구소 소장)

"이 책은 기업의 마케팅 현장에서 흔히 스팸 메일로만 인식되곤 하던 이메일에 새로운 가치를 부여하여 마케팅 커뮤니케이션 수단으로 제대로 활용할 수 있는 방법을 체계적으로 제시하고 있다. 이메일을 활용하기 위한 고객 DB의 확보 방법부터 이메일 메시지의 작성, 더 나아가 자동화된 이메일 마케팅 솔루션인 스티비(Stibee)의 구체적 사용법까지 그야말로 현장의 마케팅 담당자가 활용할 수 있는 다양하고 현실적인 방법들을 이론적 근거와 함께 잘 제시하고 있다. 새로운 마케팅 방법을 고민하는 현장의 실무자들에게 좋은 지침서가 될 것이다."

민태기 (충남대학교 교수)

이 책은 데이터베이스 마케팅과 이에 기반한 이메일 마케팅을 효과적으로 수행할 수 있는 이론과 실무를 다룬다. 이 책의 내용을 각자가 처한 실무적 상황과 관련지어서 읽는다면 구체적인 이메일 마케팅 실행 방안을 머릿속에 쉽게 떠올릴 수 있어 내용을 더 쉽게 이해할 수 있고, 실무에 적용하는 것도 어렵지 않을 것이다.

우선 이 책의 구성을 소개하자면, 크게 이메일 마케팅의 이론과 이론 파트와 실행 파트로 나누어진다. 실제로 경영이나 마케팅을 전공한 사람들보다 월등히 많은 수의 사람들이 마케팅 실무에 종사하고 있다. 또한 마케팅 전공자일지라도, 대학에서의 마케팅 교육과 실무 간에 존재하는 큰 괴리 때문에 취업 이후에 재교육을 받거나 독학으로 디지털 마케팅을 익히는 경우가 대부분이다. 적어도 오늘날의 마케팅 실무는 마케팅 현장에서 누구나 새로 익혀야 하는 지식이 되었다.

이 책 또한 이메일 마케팅에 관심이 있는 사람들이면, 전공이나 경험 여부와 상관없이 처음 시작하는 이론부터 차근차근 읽어가기를 권한다. 특히 이메일 마케팅은 개인 정보를 다루는 데이터베이스 마케팅의 특성이 강하다. 이에 따라 이메일의 발송 이전에 반드시 적절한 규모의 고객 데이터베이스를 구축하고, 개인정보관리와 관련된 규정이나 지침 등을 이해하는 것이 필요하다. 파트 1에서는 이메일 마케팅이 다시 중요성을 갖게된 배경을 설명하고, 파트 2에서는 이메일 마케팅의 목표 설정, 고객 연락처 확보 방안, 효과적인 이메일 콘텐츠 제작에 대하여 필요한 이론과 지식을 전달한다.

이론적 지식을 바탕으로 효과적인 이메일 마케팅을 수행하기 위해서는 관련 도구의 활용과 실무 지식이 필요하다. 이를 위하여 본 도서에서는 파트 3과 파트 4를 통하여 이메일 마케팅에서 가장 많이 쓰이는 도구 중 하나인 스티비(Stibee)의 활용법을 소개한다. 기본적인 이메일 발송, 자동화 캠페인, A/B 테스트 진행을 통하여 즉각적으로 실행이 가능한 방법을 소개한다. 아울러 파트 5에서는 이메일 마케팅 성과 분석을 통하여 지속적 개선 활동을 제안한다.

마지막으로, 파트 6의 이메일 마케팅 성과 분석, 파트 7의 이메일 마케팅 성공 사례 분석, 파트 8의 실무 팁 제공을 통하여 보다 효과적인 캠페인을 전개할 수 있는 방안과 시사점을 제공하고자 하였다.

이 책을 통하여 여러분도 이메일 마케팅을 새롭게 인식하고, 이를 통해 여러분의 비즈니스와 성과를 한 단계 더 도약해보시기를 기대한다.

CONTENTS

PART 01 이메일 마케팅의 이해

PART 02 이메일 마케팅 준비하기

PART 08 | # 이메일 마케팅 실무 팁

이메일 마케팅의 이해

INDEX.

Ⓜ 이메일 마케팅이란?

처음 직장이 투자 여력이 있는 대규모 정보통신기업이었고, 인터넷의 본격적인 상업적 활용이 시작되던 2000년대 초반이었던 점은 개인적으로 큰 행운이었다. 이후 인터넷의 발전과 관련 기업과 스타트업들의 흥망성쇄를 직접 목격하고, 마케팅이 빠르게 디지털로 전환되는 과정을 살펴볼 수 있었던 것은 향후 경력을 시작하는 데 발판이 되어주었기 때문이다. 인터넷이 무궁한 잠재력을 지닌 마케팅 도구로서 주목받기 시작한 초창기부터 이메일과 메시지를 활용한 커뮤니케이션은 소비자의 관심을 끌고 구매를 촉진시킬 수 있는 가장 중요한 도구였으며, 기업의 마케팅 담당자와 최종적인 소비자가 1:1로 직접적인 대화와 상호작용이 가능하다는 점에서 매력적인 수단이었다. 특히 이메일 메시지 발송의 간편성, 누구나 메일을 발송할 수 있는 편리성은 소규모 기업이나 자영업자들처럼 마케팅에 큰 예산을 투입하기 어려운 처지에서 볼 때 유용성이 매우 높은 특징이었다. 소중한 고객 데이터베이스를 확보하여 잠재 고객(lead) 창출에 활용할 수 있다는 점에서 B2B 시장에서 활동하는 사업체들에게 이메일의 효용성은 검색 광고나 소셜미디어 광고 등 다른 디지털 마케팅 도구에 비교해도 전혀 뒤지지 않는다.

그러나 일견 간단해 보일 수 있지만 이메일 마케팅을 온라인 촉진 믹스의 하나로 활용하는 것은 보이는 것만큼 쉽지는 않은 일이다. 실제 이메일을 마케팅에 활용하기 위해서는 마케팅 믹스의 일부로 포함시켰을 때 예상되는 장단점, 이메일 도구의 주요한 기능이나 커뮤니케이션 전략상의 역할을 충분히 이해하고 활용할 수 있어야 한다. 전통적 광고 미디어와 온라인 미디어가 지향하는 메시지 전략을 조화롭고 통일성 있게 이메일 메시지에 통합시키려는 노력도 필요하다. 또한 이메일 마케팅은 높은 ROI를 보장하는 판촉 수단이지만 한층 강화된 개인정보보호에 대한 사회적, 법률적 요구는 이러한 이메일 마케팅의 집행을 더욱 까다롭게 하고 있다. 이 책에서는 고객 관계 관리에 필수적인 이메일 마케팅의 개념, 고객 주소록과 데이터베이스의 구축 방법을 살펴보고, 이메일 마케팅 플랫폼을 통하여 누구나 손쉽게 진행할 수 있는 이메일 마케팅의 실제를 제시하고자 한다.

M 개념 및 중요성

이메일 마케팅은 문자나 사진, 동영상 등으로 구성된 메시지를 통하여 다수의 고객과 비대면으로 연결해주는 비용 효율성이 높은 마케팅 수단이다. 다른 어떤 수단들보다 빠르고 효율적으로 수백, 수천 명의 고객에게 동시다발적인 메시지를 전달할 수 있음에도 불구하고 소요되는 비용은 발송 대상자 수에 비례하여 증가하지 않는다. 실제로 이메일 발송에 소요되는 비용은 사실상 극히 낮다고 말할 수 있을 정도로 저렴하다. 또한 구글 애즈나 네이버 광고처럼 포탈이 운영하는 유료의 광고 플랫폼을 거치지 않고 독립적으로 운영할 수 있으며, 바로 고객에게 연결이 가능하다는 것도 큰 장점이다. 이해하고 배우기도 쉽기 때문에 소규모 기업이나 자영업자들 역시 별다른 투자나 교육 없이도 바로 다이렉트 마케팅을 할 수 있다는 점도 매력적이다.

특히 이메일이 다른 마케팅 미디어보다도 중요성이 강조되는 이유는 사실상 전 세계 모든 소비자들에게 접근이 가능하다는 점이다. 최근 발표된 미국의 조사기관인 스태티스티카(Statistica)의 통계 자료에 의하면, 이메일 이용자는 이미 전 세계 40억 명 수준에 이르고 있으며, 2023년에는 43억 명 수준에 달할 것으로 예측된다. 또한 매년 연간 2,936억 통에 가까운 이메일이 발신되고 있다. 옴니센드(Omnisend)의 2018년도 조사 결과에 따르면, 미국 내 중소기업 전체 중 81%가 신규 고객 확보를 위하여 이메일을 주된 마케팅 수단으로 활용하고 있으며, 80%가 고객과의 관계 유지를 위하여 이메일 마케팅을 활용하고 있다고 한다. 최근에는 개인정보 보호에 대한 기업의 관리가 보다 세심해지고 사용자의 이메일 등 개인정보 확보가 보장되는 구독형 서비스가 확산되면서 이메일을 이용한 마케팅의 중요성은 더욱 커지고 있는 추세이다. 또한 마케팅 비용 절감에 대한 요구 증대 역시 이메일 마케팅의 인기의 비결이다.

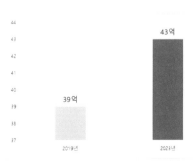

인공지능에 의한 퍼포먼스 마케팅, 멀티미디어를 활용한 화려한 광고 콘텐츠로 가득 찬 현대의 디지털 마케팅 환경 속에서도 이메일이 마케팅 수단으로서 그 중요성을 잃지 않고 여전히 빛을 발하는 중요한 이유는 무엇일까? 그 이유를 살펴보면 다음과 같다.

첫째, 누구나 이메일을 열어본다. 스테티스티카(Statisca)의 2021년도 자료에 의하면 매일 이메일을 열어보는 것으로 하루 일과를 시작하는 사람들의 비율이 무려 91%나 된다. 이는 직장인과 무직자를 모두 포함한 수치이며, 특히 20대 이상 직장인으로 한정한다면 사실상 모두 매일 이메일을 열어본다고 해도 과언이 아닐 것이다. 한때 모든 집에서 신문과 TV 뉴스로 아침을 열었다면, 이제는 이메일로 하루를 시작하고 있다.

둘째, 투입되는 비용에 비하여 효과성이 높은 퍼포먼스 도구이며 누구나 어려운 기술이나 프로그램 이용법을 배울 필요 없이도 집행이 가능하다. 미국 다이렉트 마케팅 연합회(DAM)의 2019년 조사 결과에 의하면 이메일 마케팅을 위한 비용으로 1달러를 사용할 경우 평균 44달러의 기대 수익을 내는 것이 가능하다고 한다. 이는 4,400%라는 놀라운 투자수익률(ROI) 달성을 의미한다. TV, 라디오, 뉴스, 잡지 등 전통적인 매체는 물론이고, 디지털 광고 매체인 검색 광고나 배너 광고 비용 대비 효율성이 광고 입찰가의 과다 경쟁으로 점점 더 수익성이 나빠지고 있음을 고려할 때, 현재 이보다 퍼포먼스가 높은 광고 수단을 찾기는 어렵다.

셋째, 다른 광고 미디어들이 풀(pull) 미디어라면 이메일은 고객이 원하지 않아도 콘텐츠를 발송할 수 있는 푸시(push) 마케팅에 적합하다. 일반적으로 고객의 니즈에 부합하는 서비스나 상품의 가치 제안을 통하여 고객을 끌어들이는 풀 마케팅이 푸시 마케팅보다 바람직하다고 알려져 있다. 그러나 경쟁이 치열해서 고객이 기억할 수 있는 선택 대안의 수가 기하급수적으로 증가하는 상황에서 풀 마케팅에만 의존하는 것은 무의미한 희망에 불과하게 되었다. 풀 마케팅과 푸시 마케팅 모두를 적절히 혼합한 마케팅 믹스가 필요하며, 이메일 마케팅은 푸시 마케팅의 주요한 수단이 될 것이다.

넷째, 사람들이 관심을 가지고 읽어보는 관여도가 높은 고관여 미디어로, 폭 깊은 정보를 전달하기에 적합하다. 단순히 한두 단어에 불과한 브랜드명을 알리기 위해서는 찰나의 눈길을 끄는 배너 광고나 키워드 광고 등이 효과적일 수 있지만, 전문적인 정보를 제공하거나 신제품 정보를 상세히 제공하기에는 이런 디지털 미디어는 다소 적합하지 않다. 반면에 이메일 마케팅은 깊이 있는 정보를 광고 문구보다 상세하게 설명하는 정보 제공이 가능하며, 더 나아가 이메일 구독을 통하여 고객과의 공고한 관계를 구축하고 주기적으로 상세한 정보를 제공하는 것이 가능하다.

다섯째, 이메일 광고는 읽히지 않고 이메일 수신함(인박스)에서 삭제 처리되는 최악의 경우에서도 브랜드 회상 효과를 거둘 수 있다. 단순한 회상은 배너 광고나 키워드 광고가 추구하는 광고의 목적이기도 하다. 많은 마케팅 관리자들은 사람들이 이메일을 열어보지 않고 무시하거나 삭제하는 행동 때문에 이메일 마케팅의 효용성에 대하여 우려한다. 그러나, 설사 이메일을 열어보지 않더라도 메일 창에서 메일의 제목은 대부분 확인하며, 삭제하는 과정에서도 브랜드나 짧은 슬로건, 광고 문구는 전달이 가능하다. 이 과정에서 오픈 없는 수신만으로도 브랜드에 대한 노출이나 상기가 충분히 발생할 수 있다.

여섯째, 상호 간의 질의응답 혹은 메일의 수신과 발신이 반복되는 과정에서 매우 높은 수준의 쌍방향 커뮤니케이션이 가능하다. 수신자가 메시지의 내용에 흥미를 느끼는 경우에는 발신자와 소비자 간에 충분히 깊은 이야기와 정보를 주고받을 수 있는데, 이는 다른 미디어에서는 기대하기 힘든 장점이다.

일곱째, 이메일을 주고받는 과정에서 고객과의 관계 구축에 용이하다. 견고한 고객 관계는 높은 수익성을 보장한다. 반복적으로 구매하는 단골 고객을 유지하는 것은 완전히 새로운 고객을 발굴하는 것보다 더 쉽고 더 비용이 적게 든다. 또한 만족한 경험을 주변에 이야기하여 구전을 퍼트리기 때문에 소중한 브랜드 홍보대사가 될 수 있다. 이러한 점에서 이메일은 인터넷 초창기부터 활용되어온 오래된 미디어 수단임에도 불구하고 커뮤니케이션 도구로서 가진 독자성과 차별점 때문에 여전히 중요하다고 볼 수 있다.

여덟째, 퍼미션을 얻은 이후의 이메일은 가장 강력한 CTA(call-to-action) 버튼의 역할을 수행하고 있으며, 그 어떤 상품 설명 상세 페이지를 소개하는 것보다 고객의 거부감 없이 정보 제공이 가능하다. 상품과 서비스에 관심이 있는 고객이라면 자발적으로 이메일 수신 리스트에 가입할 것이며, 사실상 구매를 하였거나 관심이 줄어든 이후에도 보통 뉴스레터 가입 상태를 계속 유지하게 된다. 이는 고객과 지속적으로 커뮤니케이션을 하여 저렴하고 신뢰성 있는 채널을 유지할 수 있음을 의미한다.

기업의 이메일 마케팅

이메일은 개인 간 연락은 물론이고 기업과 개인을 연결하는 효과적 수단이다. 국내 이메일 마케팅 플랫폼 서비스를 제공 중인 '스티비(Stibee)'가 2021년 진행한 조사 자료에 의하면, 기업들의 이메일 용도는 사내 커뮤니케이션에 국한되지 않는다.

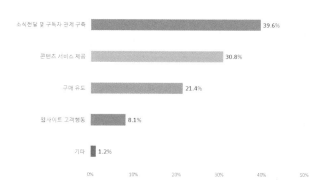

기업에서 이메일을 이용하는 가장 중요한 이유는 회사 및 단체의 소식을 전달하여 고객과의 관계를 형성하기 위함이다. 하지만, 최근 판매 상품으로서 콘텐츠 전달이 증가하고 구독 서비스 시장이 활성화됨에 따라서 콘텐츠 제공이 그 뒤를 잇고 있다. 또한 사이트 이탈 이후에도 방문자의 사이트 내 이용 행적을 정확하게 트래킹하는 것이 가능해짐에 따라 이 트래킹 정보를 활용하여 후속 조치로 구매를 유도하거나 감사 편지를 보내는 등의 시나리오를 전개하는 방식으로도 사용되고 있다. 특히 구매 유도나 감사 편지 발송 등은 전문가의 개입이 없이도 상황에 따라서 자동으로 이메일을 발신할 수 있는 무인화, 자동화가 가능한 마케팅의 영역이다. 이처럼 이메일 마케팅은 단순 홍보에서 구매까지 전 단계에 걸쳐 활용이 가능하다는 특성이 있다. 특히, 매번 새로운 고객을 발굴해야 하는 이른바 수렵형 마케팅에서, 기존 고객과의 관계 강화를 통하여 수익을 창출하는 업셀링, 크로스셀링과 같은 관계형 마케팅으로 마케팅 패러다임이 변화하면서, 관계 강화의 수단으로 이메일 마케팅의 중요성이 더욱 강조되고 있다.

이메일 마케팅에 대한 우려

현대인들은 실제로 그들이 읽어보거나 확인할 수 있는 숫자 이상의 이메일을 매일 수신하고 있으며, 때로는 꼭 확인해야 하는 중요한 이메일들도 메일 필터에 의해서 자동적으로 스팸 처리되기도 한다. 마케팅 리서치 기업인 핑돔(Pingdom)에 의하면 일반인이 수신하는 이메일의 89%는 스팸성 메일이다. 물론 공격적이고 불법적인 스팸 메일이 대부분이지만, 스팸의 상당수는 수신자가 자기 스스로 구독을 하고서도 이를 잊어버리고 스팸 처리하는 경우들이다. 또한, 빅데이터 마케팅이나 인공지능 마케팅 등 최첨단 기법들이 속속들이 활용되고 있는 현대의 마케팅 테크놀로지 환경에서 비교적 혁신이 적은 이메일 마케팅이 여전히 제 역할을 해낼 수 있는지에 대한 의구심은 여전하다. 이런 의견에 찬성하는 이들은 이메일 마케팅이 이제는 낙후된 방식이며 경쟁 도구들에 비하여 제대로 된 성과를 창출하지 못할 것이라고 생각한다. 그 외에도 이들이 느끼는 이메일 마케팅에 대하여 확신을 갖지 못하는 주요 이유는 다음과 같다.

가장 큰 우려는 자신이 보낸 메일이 스팸 처리되지 않을까 하는 불안감이다. 실제로 대다수의 사람들이 이메일을 열어보지도 않은 채 삭제하거나 스팸 처리하는 것은 매우 흔한 일이 되었다. 미국의 온라인 광고회사인 무버블 잉크(Movable Ink) 사에 따르면 54.4%의 소비자들은 그들이 받는 이메일의 절반 이상을 읽어보지도 않고 삭제한다고 한다. 스팸 처리로 메일이 읽히지 않은 것도 문제지만 발송 기업 자체를 스팸 메일을 발송하는 기업으로 낙인이 찍힐 수 있으며, 이는 브랜드 자산에 대한 심각한 훼손이다. 기업이 보낸 다수의 광고성 메일이 스팸으로 신고될 경우 인터넷 통신 사업자로부터 대량 메일 방송에 따른 경고나 임의적인 차단을 당할 가능성이 있다. 실제로 페이스북이나 인스타그램에서도 상업적 목적의 DM(direct message)을 단기간에 대량 발송할 경우 해당 계정은 정지를 당하거나 추가적인 메시지 발송이 제한되고 있다.

또한 이메일 마케팅의 성공 사례가 많이 알려지지 않은 점도 부담을 키운다. 이메일 마케팅이 로맨스 스캠이나 대출 안내 등 주로 부정적 뉴스의 렌즈를 통하여 대중에게 알려지는 것과는 달리 성공 사례는 기업 내부의 정보이기 때문에 대부분 알려지지 않는다. 이런 상황이 반복되면서 이메일 캠페인의 부정적 속성만 부각된 경향이 있다.

이메일 발송에 필요한 이메일 주소 등 고객 데이터베이스 수집에 대한 부담감도 크다. 이미 오랜 기간의 거래처나 고객 누적을 통하여 대량의 고객 연락처를 확보한 기업에서는 큰 장애가 아닐 수 있으나 신규로 시장에 진입한 기업들에게 고객 데이터베이스 구축은 적지 않은 비용이 수반된다. 또한 개인정보 보호처리와 관련하여 규제와 법적 책임이 따르는 민감한 문제이기도 하다.

이런 우려들이 타당한 나름의 근거를 가지고 있지만, 아예 이메일 마케팅을 외면하기는 어렵다. 스팸이나 수신 거부가 걱정된다고 하지만, 전단지 배포, 우편 발송, 방문 판매 등 대부분의 다이렉트 마케팅의 응답률이 이메일 마케팅과 비슷하거나 더 낮은 경우가 대부분이다. 고객 데이터라는 것은 비용과 인내심을 요구하지만, 이메일 마케팅을 하든 안 하든 고객 관계 강화를 위하여 어차피 축적해야 할 정보들이다. 다른 전통적인 다이렉트 마케팅 도구들의 비용청구서 역시 결코 싸지 않다는 점을 감안할 때 사실상 비용이 거의 들지 않는 이메일 마케팅을 주저할 이유는 없다. 이제는 이러한 불필요한 오해와 두려움을 극복하고 안전하고 확실한 이메일 마케팅을 수행할 필요가 있다.

성공하는 이메일 마케팅의 특징

이메일을 활용하여 성공적인 온라인 마케팅 캠페인을 하기 위해서는 어떤 노력을 기울여야 할 것인가? 기업의 업종과 특성, 제품과 서비스에 대한 이해, 고객과 시장 상황에 따라 달라지기 때문에 일괄적으로 답을 낼 수는 없다. 그러나 모든 기업들에게 공통적으로 적용 가능한 몇 가지 힌트는 있다.

첫째, 손쉬운 콘텐츠 작성, 자동화된 성과 분석 등 마케팅을 도와주는 다양한 디지털 플랫폼과 마테크(Mar-tech)가 속속 등장하면서 마케팅은 그 어느 때보다도 단순한 작업이 되고 있다. 그러나 변하지 않는 것은 마케팅의 결정적 순간에는 결국 도구들이 아니라 사람이 결정해야 한다는 점이다. 즉 사전에 성공할 수밖에 없는 전략이 없다면 이메일 마케팅을 도와주는 기술이나 도구는 무용할 것이다. 이메일 마케팅도 마찬가지이다. 사전에 명확한 목표를 수립하고, 적합한 고객과 시장을 선택하고, 경쟁사보다 어느 한 가지 측면이라도 압도적으로 뛰어나고 차별화된 제품과 서비스가 필요하다. 마케팅의 기본 체력을 탄탄히 갖추어 놓았다면, 이메일은 고객에게 가는 무지개 다리를 놓아줄 것이다.

둘째, 아무리 완벽한 계획과 뛰어난 제품이 있더라도 마케팅의 실패 가능성은 항상 존재한다. 나는 절대 실패할 리 없다는 자신감보다는 시장과 고객은 완벽히 이해할 수 없는 존재임을 인정하는 겸손이 필요하다. 절대 실패하지 않겠다는 생각보다는 차라리 의도된 실패를 통해서 더 나은 대안을 찾아야 한다. 이메일 마케팅 역시 본격적인 마케팅 시행 이전에 A/B 테스트를 충분히 활용하여 보다 성공 가능성이 높은 길을 찾는다.

셋째, 이메일 마케팅 관리자는 자사의 상품이나 서비스를 구매하는 고객의 소비 여정과 경험을 전반에 걸쳐서 잘 이해하고 있어야 한다. 발송된 이메일은 고객을 기업의 홈페이지나 상세 페이지, 소셜 미디어 등으로 연결시켜주는 고객 여정의 통로가 된다. 이메일을 발송한 이후에 소비자들은 어떤 태도와 행동을 보일지 예측하고, 기업이 설계한 다음의 긍정적 단계로 발전하도록 연결해주는 가이드 역할이 필요하다. 이메일 캠페인의 목표가 단순한 랜딩 페이지 방문인지 혹은 최종적인 구매까지 연결하는 것인지에 따라서 메시지의 내용과 형식 등이 달라질 수밖에 없다.

넷째, 한 통의 감동적인 이메일을 통하여 단번에 기업이 원하는 성과를 이루어낼 수 있을 것인가? 그럴 수만 있다면 좋겠지만 현실은 그렇지 않다. 친한 가족이나 친구 사이에도 쉽게 결정 나는 경우가 거의 없는데, 스팸 취급을 받는 이메일로 단번에 무엇인가를 설득한다는 것은 어려운 일이다. 이메일 마케팅은 고객과의 꾸준한 대화가 가능한 통로를 만드는 것이 목적이며, 이를 통하여 신뢰를 얻어야 한다. 성과는 그 다음이다.

다섯째, 다른 디지털 마케팅이나 광고와 마찬가지로 발송만 하고 후속 절차가 관리되지 않는 이메일 캠페인은 성과를 내기 어렵다. 장기적인 성과를 추구하더라도 꾸준하게 중간중간 각 고객 퍼널(funnel)별 성과 측정치나 KPI를 확인하여 바른 경로로 가고 있는지 확인하여야 한다. 이메일 마케팅의 성과를 점검할 수 있는 중간 지표를 명확하게 수립하고 점검해 가면서 앞으로 나가야 한다.

여섯째, 기업의 모든 활동은 법적 테두리는 물론이고 일반 대중의 사회적, 도덕적 관념의 범위 내에서만 진행되어야 한다. 특히 이메일 마케팅은 연락처, 성함, 취미 등 개인 정보의 수집과 활용 없이는 효과적인 전개가 불가능하다는 점에서 준법정신이나 사회적 동의에 반하지 않는 것은 민감하면서도 중요한 문제로 부각된다. 개인 정보 활용에 대한 동의를 얻는 과정인 퍼미션(permission)은 기업의 선택이 아니라 의무사항이다.

이메일 마케팅 준비하기

INDEX.

e

◪ 단계와 목표 설정

이메일 마케팅은 전략인가 전술인가? 이메일 마케팅은 마케팅의 핵심적 프레임워크인 4P의 구성요소 중 하나인 프로모션(촉진광고) 활동의 일부분이다. 기업은 프로모션 활동을 위하여 TV 광고, 신문 및 잡지 광고, 홍보, 스폰서십, 검색 광고, 배너 광고, PPL 광고, 소비자 체험단, SNS 등 다양한 도구들을 활용할 수 있고, 이메일 마케팅도 이런 촉진 믹스를 구성하는 일부분이다. 수단이지 그 자체가 목적이 될 수 없는 전술적 도구이다. 따라서 이메일 마케팅의 방향성은 미래 정해진 상위의 마케팅 전략 혹은 커뮤니케이션 전략의 지침을 따라야 한다. 그리고 현장에서 실행되는 단계에서 경쟁상황이나 고객 여건에 맞도록 전술을 실천해가면서 최적의 성과를 추구해야 한다. 이메일 마케팅 이전에 이미 마음속에 어떤 방향으로 마케팅 전략을 전개하고 관리할 것인가에 대한 대략적인 큰 그림이 수립되어 있어야 하며, 이런 그림을 완성하기 위하여 이메일 마케팅은 어떻게 봉사할 수 있는지를 고민해야 한다. 이와 관련하여 이메일 마케팅의 주요 단계를 알아보면 다음과 같다.

첫째, 이메일 마케팅 캠페인을 진행할 때 우선적으로 전사적(全社的)인 마케팅 목표를 이해하기 위하여 충분한 시간동안 고민할 필요가 있다. 이메일 캠페인 자체가 추구하는 목표가 전사적인 마케팅 목표의 전부인 경우는 드물다. 이메일 캠페인은 기업이 운영하는 다양한 디지털 미디어 믹스의 하나에 불과하며, 오로지 이메일 마케팅만을 위한 마케팅 목표라는 것은 보통 존재하지 않는다. 캠페인을 시작하기에 앞서서 우선 더 큰 상위의 마케팅 전략을 이해하고, 이의 일부로서 작용하는 이메일 캠페인임을 인식하여야 한다. 일례로, 브랜드가 고급 프리미엄 브랜드로 자리매김하기 위하여 노력하고 있을 때, 프리미엄 이미지를 해치는 가격 할인, 1+1 등의 판촉 행사를 이메일 마케팅에서 할 수는 없을 것이다. 전사적 마케팅 전략에도 불구하고, 이메일 캠페인의 효율적인 목표 달성을 위한 전술 차원의 세부 목표 설정과 관리는 분명히 필요할 것이다.

둘째, 마케팅의 시장 세분화, 그리고 포지셔닝으로 이어지는 STP(segmentation, targeting, positioning) 설정 단계와 관련하여 누구를 타겟으로 이메일을 보내야 할 것인가에 대한 고민이 이어져야 한다. 대부분 상위 마케팅 전략에서 목표로 한 고객층이 우선적인 마케팅 대상이 될 것이다. 그러나, 이메일 마케팅은 타겟 고객에 속한 일부 고객층을 대상으로 제한적으로 전개되는 경우도 가능하다. 일례로 출시된 스마트폰의 타겟 고객이 10대 ~ 30대 연령 사이의 MZ 세대로 설정되어 있더라도 10대에게는 틱톡이나 인스타그램으로, 30대에게는 이메일을 주 미디어로 활용하여 미디어 믹스를 수립하는 경우도 가능하다. 이 경우 상위 마케팅 전략의 타겟보다 좁은 범위에서 이메일이 활용될 것이다.

셋째, 이메일 주소 등 고객 정보를 활용할 수 있는지에 대한 점검이 필요하다. 타겟 고객이 확정되더라도 이들의 연락처나 이메일 주소가 없다면 접촉이 불가능하며, 이메일 마케팅은 실행되지 않는다. 다행히 양질의 고객 데이터가 충분히 있다면 바로 이메일 마케팅을 수행할 수 있지만, 구축된 데이터가 없거나 데이터의 질이 적합한 수준에 미치지 못하는 경우도 허다하다. 데이터가 존재하지 않는다면 고객 데이터를 수집하기 위한 별도의 데이터베이스 수집 캠페인이나 이벤트가 먼저 필요할 것이다. 기업들은 순전히 고객의 연락처를 수집하기 위하여 자신의 이메일 연락처를 등록한다는 조건 하에 웨비나(webinar) 무료 초청, 기술 문서의 다운로드, 회원 가입 특전 등을 제공하는 이벤트를 실시한다. 더불어서 데이터의 질적 문제도 해결이 필요하다. 데이터의 질적인 문제는 보통 연락처의 업데이트가 되지 않거나 누락된 경우, 개개인의 구분이 잘 되지 않는 연락처 중복 등으로 인하여 발생한다. 특히 연락처 중복의 경우 동명이인의 존재, 오탈자, 띄어쓰기 여부 문제 등이 있으며, 이는 이메일 마케팅의 효과성을 저해하는 중요한 문제이다.

넷째, 발송 전에 이메일의 메시지를 개인화하고 필요한 콘텐츠를 구성하여야 한다. 아무리 훌륭한 전략과 풍부한 고객 데이터베이스를 가지고 마케팅을 하더라도 고객이 흥미를 느끼지 못하거나 열어보지 않는 이메일은 사실상 의미가 없다. 매력적인 이메일 메시지를 만들기 위해서는 콘텐츠를 개개인의 욕구나 필요에 맞추어 제작하여야 하고, 콘텐츠 내용과 더불어 이미지의 사용, UX 디자인의 품질도 적절한 수준이 되도록 관리하여야 한다.

다섯째, 고객의 이메일 관련 행동을 유발하기 위해서는 언제, 어떻게, 어떤 상황에서 보내는 것이 효과적인가에 대한 고민이 필요하다. 발송 스케줄 관리의 필요성은 수·발신되는 이메일의 양이 폭발적으로 증가하고 있는 현실 속에서 더욱 필요해지고 있다. 고객들은 보통 이메일을 매일 한 통 한 통 수시로 확인하지는 않으며, 특정 요일 혹은 특정 시간대에 집중적으로 몰아서 확인하고 있다. 만일 적절한 시간대에 발송되지 않는다면 이메일이 이미 쌓인 다른 이메일 더미에 묻혀서 보이지 않거나 중요하게 검토되지 않는 과밀화의 문제가 발생한다. 또한 열람된 이메일도 이후에 클릭, 구독, 방문, 구매 등 요청되는 후속 행동을 하지 않았을 경우 적절한 시점에서 재발송이 필요해진다. 최적의 발송 시간대는 고객의 직업이나 출퇴근 수단, 개인적 특성 등에 따라 각각 다르기 때문에 고객의 과거 열람 행동을 분석하고, 그들의 특성을 기반으로 한 개인화된 스케줄링이 필요하다.

여섯째, 이메일을 보낸 이후의 피드백과 미비점을 보완하는 개선 활동이 필요하다. 이메일 발송자들의 일부는 별다른 비용 없이 이메일을 보낼 수 있기 때문에 발송 이후에 어떤 일이 벌어지는가에 대해서는 관심이 없는 경우가 많다. 반복적으로 재발송하면 된다고 생각한다. 이런 경우 이미 충분히 이메일을 읽고 전환까지 발생한 고객에게도 불필요한 메일을 반복 발송한다거나, 혹은 충분히 메시지가 전달될 때까지 미열람 고객에게 재발송하지 않는 등의 문제가 발생한다. 이메일을 발송한 이후에 이메일의 도달률, 반송률, 구독 여부, 전환 행동 여부 등 주요 세부 지표들에 대한 점검과 메시지의 강화, 제목 등 카피 변경 등 지속적인 개선 활동을 통하여 퍼포먼스 마케팅을 진행하여야 한다.

1. 마케팅 목표의 설정

2. 마케팅 STP

3. 타겟 DB 구축

4. 개인화 및 콘텐츠 구축

5. 발송 및 집행

6. 측정 및 피드백

◪ 이메일 캠페인과 고객 여정

본격적인 이메일 마케팅을 위해서는 이메일을 수신하는 고객 경험 전반에 관한 설계가 필요하다. 특히 이미 수립되어 있는 전사적 마케팅 전략의 방향성에 대한 고민보다는 이메일 캠페인을 통하여 구체적으로 얻고자 하는 최종적인 전환 결과물과 목표를 구체적으로 수립할 필요가 있다. 구체적으로는 어떤 목표를 설정하여야 할까?

이메일 마케팅의 전환 목표를 일반화하기는 어려우며, 기업 스스로 이메일 마케팅을 통하여 달성할 수 있는 목표의 범위를 확인하여야 한다. 초창기의 기업은 단지 자신의 상품이나 브랜드를 알리는 것이 목적일 수 있다. 반면에 구매 경험이 있는 고객들에게 이메일을 보내는 경우에는 재구매 혹은 계약 연장을 요구하는 것이 목적일 수 있다. 상품의 가격이 고가인지 저가인지에 따라서도 달라질 것이다. 이처럼 기업에 따라서는 단지 이메일을 열어보게 하는 것이 목적인 경우도 있고, 조금 더 달성이 어려운 목표인 구매, 회원 가입 등 구체적인 행동 유발까지 노리는 경우도 가능하다.

목표가 명확하지 않다면, 마케팅 활동도 모호할 수밖에 없다. 실제로 기업이 달성하고자 하는 목표를 설정하기 위하여 고객들이 이메일을 접하면서 경험하는 총체적인 고객 여정(customer journey)을 먼저 이해할 필요가 있다. 상품과 시장에 따라 다르지만 보통 이메일 수신자인 고객은 데이터베이스 수집 캠페인이나 홈페이지 가입 등의 절차를 통하여 자신의 연락처를 제공하거나 이메일 수신을 허락하는 옵트인(opt-in)을 하게 된다. 이것이 모든 이메일 마케팅의 첫 번째 여정이다. 이후 이메일이나 뉴스레터를 직접 받아서 읽게 되며, 이메일의 본문이나 메시지 내에 존재하는 CTA(call to action) 버튼이나 링크를 통하여 기업이 준비한 랜딩 페이지나 상세 페이지까지 이어지는 여정을 겪는다. 여정이 더 진전되면 마음에 드는 상품을 장바구니에 넣거나 결제하는 등 구매 행동으로 이어지기도 한다.

그리고 더 이상 기업이 제공하는 상품과 서비스가 가치가 없거나 수신한 이메일이 도움이 되지 않는다고 느껴지면 이탈하는 행동까지 이루어질 것이다. 이처럼 고객 여정은 순차적인 다단계로 이루어지며 단계별로 달성하고자 하는 목표도 달라진다. 이

과정에서 우리가 보내는 이메일은 각 단계별 목적을 달성하는 것을 목표로 해야 한다. 이런 과정을 충분히 먼저 이해하고, 목표를 세우는 것이 필요할 것이다.

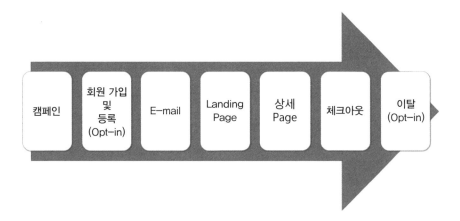

이메일 마케팅의 직접적 KPI

이메일 마케팅의 목표는 이메일을 수신한 고객이 기업이 바라는 어떤 행동을 하도록 유도하는 것이다. 물론 당장 필요한 기대 행동은 기업이 보낸 이메일을 수신자가 열어보는 단순한 것일 수 있지만, 궁극적인 목적은 사업의 본질적인 목표 달성에 도움이 되는 기대 행동을 하였는가를 의미한다. 즉 사업 성공을 결정짓는 핵심지표인 KPI(key performance index)를 달성하는 것이다. 기업이 마케팅 수행과정에서 점검하거나 활용하는 지표는 매우 다양한데, 이들 지표와 지표 값들을 주의 깊게 관찰하고 적합한 지표를 찾아서 달성 가능한 목표를 수립하지 않으면 의미 없이 쏟아지는 데이터의 홍수 속에서 익사할 수 있다. 지표 중에서 가장 중요한 숫자를 확인하고 지속적으로 관리하여야 한다. 이런 목표치가 되는 지표는 크게 과정지표와 성과지표로 나누어질 수 있다. 과정지표는 이메일에 대한 수신자의 즉각적인 반응을 주로 측정한다. 반면에 성과지표는 이메일 수신의 결과에 영향을 받아서 창출되는 궁극적인 결과를 측정한다.

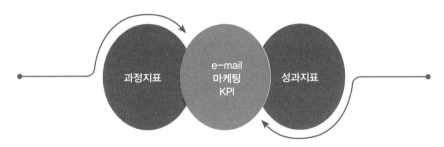

이메일 마케팅의 주요한 과정지표는 열람률, 클릭률, 구독률, 해지율, 스팸률, 반송률 등이 있다. 이는 구독자가 발송 이메일에 얼마나 몰입하고 있는지에 대한 정도를 보여주며, 계량적 지표로서 과거 성과와 손쉽게 비교가 가능하다. 그러나, 이런 장점에도 불구하고 이들 지표가 이메일 캠페인의 궁극적인 결과치를 보여주는 것은 아니다. 단순히 메일을 열람하는 것만으로 기업의 이익이나 고객이 증가하였다고 판단하기는 어렵기 때문이다. 주요 과정지표를 살펴보면 다음과 같다.

1) 열람률 (total open rate, unique open rate)

: 수신된 이메일의 열람 비율을 측정한다. 이메일을 열기 전에 표시되는 '광고' 문구에 대

한 태도, 수신자에 대한 신뢰성, 혹은 이메일 제목 등이 효과적인지를 확인할 수 있다. 열람률은 다시 반복된 열람을 중복하여 계산하는 총 열람률, 그리고 열람 횟수를 중복 계산하지 않는 순열람률로 나누어 볼 수 있다.

2) 클릭률 (total click rate, unique click rate)

: 보통의 이메일 메시지는 홈페이지나 랜딩 페이지로 이동이 가능한 링크나 CTA 버튼을 가지고 있다. 이를 통하여 고객 여정을 보다 상세한 콘텐츠로 이동시키거나 가입이나 구입 사이트로 연결시키는 것이 가능하다. 클릭률은 이런 링크나 CTA 버튼의 클릭 행동이 이루어진 비율을 계산한다.

3) 구독률 (read rate)

: 실제 이메일의 본문의 메시지를 읽었는지 여부를 확인한다. 열람률이 단순히 개봉 여부를 파악하는 것에 비하여 구독률은 세션 시간 혹은 스크롤 이벤트 등을 감지하여 측정한다.

4) 해지율 (unsubscribe rate)

: 일반적인 상업용 이메일에서는 메시지 하단에 옵트아웃(opt-out), 즉 탈퇴가 가능한 링크나 CTA 버튼을 포함하고 있다. 이를 클릭하여 해지 의사를 밝힌 경우 보통 메일링 리스트에서 자동으로 제외되거나 삭제되는데, 이런 해지구독자를 집계하여 전체 회원 대비 해지율로 계산한다. 고객관리의 과정에서 일정 정도의 해지는 불가피하지만, 구독 해지의 급증은 더 이상 기업이 가치 있는 서비스를 제공하고 있지 못하거나 이메일의 발송 방법이나 내용에 문제가 있다는 위험 신호이다.

5) 스팸률 (spam-complaint rate)

: 신고나 차단을 통해 스팸으로 신고되거나 불만이 제기되는 비율을 확인한다. 이는 구독자가 이메일을 불필요한 광고나 개인 프라이버시 침해 사례로 인식하고 있음을 의미한다. 스팸률이 높은 경우에는 개인정보 수집방침에 따라 불법적인 혹은 퍼미션을 받지 않은 경우가 있는지 점검하고, 발송 주기가 너무 빈번하지 않은지 등을 점검해야 한다.

6) 반송률 (bounce rate)

: 발송한 이메일이 수신되지 않고 발신자에게 되돌아오는 비율을 의미한다. 바운스(bounce)의 의미 그대로 이메일 수신함에 도달하지 못하고 튕겨 나온 비율이다. 반송은 영구적 반송인 하드 바운스(hard bounce)와 일시적 반송인 소프트 바운스(soft bounce)로 나누어진다. 고객의 이메일 계정이 변경되거나 삭제된 경우 주로 발생하는 하드 바운스의 경우에는 고객 데이터베이스의 업데이트가 필요하며, 메일함 용량 초과, 바이러스 침투 등 일시적 사유로 발행하는 소프트 바운스의 경우에는 시간 간격을 둔 재발송 등의 노력이 필요하다.

반면에 성과 지표는 이메일 캠페인을 통하여 기업이 추구하는 궁극적인 성과의 달성 기여 여부를 측정한 것이다. 이메일 캠페인에만 한정적으로 적용되는 과정지표와 달리, 성과지표는 마케팅 전반에서 넓게 쓰이는 지표들과 상통한다. 이메일 주요 성과지표의 예시로는 발송 메일당 수익률(revenue per email), 구독자별 수익률 (revenue per subscriber), 구매, 다운로드, 등록, 앱 설치 등으로의 전환율(convertion rate), 반복 구매율(repeat purchase rate), 신규 가망고객 수(lead number), 평균 구매 규모 등이 있다. 별도로 성과지표의 관리가 필요한 이유는 단순히 이메일을 개봉하게 하는 것이 기업의 궁극적 목표가 아니라 그 이후의 전환으로 나타나는 성과가 진성 목표이기 때문이다.

다만 과정지표가 성과지표로 나타나기까지는 상당한 시간 차이가 있으며, 두 지표 간의 인과관계도 명확하지 않은 경우가 있다. 일례로 브랜드명성 구축이라는 성과 지표에 한 통의 이메일 수신이라는 과정지표가 어떻게 기여했는가를 확인하는 것은 두 지표 간 분명히 존재하는 어느 정도의 인과성에도 불구하고 사실상 가능하지 않다. 서로 관련이 있지만 달성되는 방식이나 시점이 다르기 때문에 과정지표나 성과지표 중 하나만 사용하는 것이 아니라, 여러 지표를 동시적으로 사용할 필요가 있다. 그러나, 이메일 마케팅을 지원하는 플랫폼들은 대시보드라는 기능을 통하여 주로 과정지표만을 보여주고 있다. 성과지표까지 확인하기 위해서는 구글 애널리틱스나 소셜 미디어의 인사이트 등의 추적 도구들을 활용하여 이메일 발송 이후의 성과까지도 고객 여정과 더불어 추적하려는 노력이 필요하다.

이메일 마케팅의 간접적 KPI

이메일 마케팅의 궁극적인 목표는 단지 고객이 이메일을 열어본다거나 읽어보도록 하는 것이 아니다. 이메일을 매개로 고객이 소비 여정을 이어가도록 하고, 기업이 추구하는 궁극적인 성과에 달성하도록 하는 것이다. 즉, 이메일을 통하여 CTA 버튼을 클릭하거나, 개별적 상품을 홍보하는 랜딩 페이지를 방문하거나, 사이트의 콘텐츠를 읽어 보는 것일 수 있다. 쇼핑몰 유입을 통하여 매출을 창출하거나 삽입된 배너 광고를 클릭하거나, 이메일 수신 후 궁금증이 생겨 키워드 검색을 하는 것일 수 있다. 따라서, 이메일 마케팅의 효과성을 주장하기 위해서는 메일 수신 후 지속되는 소비자의 전환 행동에 관심을 가질 필요가 있다. 이와 관련하여 다음과 같이 다양한 디지털 마케팅의 주요한 KPI들이 간접적 성과지표로 이해되고 관리될 수 있다.

1) 인상(impression)

: 보통은 광고에 노출된 총 횟수를 의미한다. 중복 노출을 포함하며 몇 번이나 노출되었는가를 의미한다.

2) 도달(reach)

: 중복 방문자를 1명의 방문으로 계산하는(중복 방문은 제외) 순 방문자 수를 의미하며, 노출된 사람이 몇 명인가의 지표이다. 특히 인상이나 도달은 페이스북 광고 등에서 주요 지표로 사용되므로 명확하게 차이점을 인지하여야 한다.

3) CPC(cost per click)

: 클릭당 비용으로서, 클릭할 때마다 광고비가 지급되는 형태이다. 보통 1클릭당 단가가 정해진다. 구글이나 네이버의 유료 광고(paid search)가 예이다. 단순히 브랜드 인지도를 높이기 위한 광고처럼 클릭 자체가 잘 이루어지지 않거나 클릭이 필요 없는 광고를 진행할 경우 광고비 절감이 가능하여 효과적이다.

4) CPM(cost per mille)

: 광고를 1,000회 노출하는 데 사용된 비용을 의미하며, (광고 단가 / 광고 노출 횟수)

× 1,000으로 계산한다. 클릭이 많이 발생할 것으로 예상되는 판촉 행사 등을 진행할 경우 CPC보다 비용 면에서 효율적이다.

5) CPT(cost per time)

: 기간당 비용으로, 일정 기간을 정한 후 그동안 고정된 광고비를 소진하는 광고 형태이다. 페이스북 광고나 구글 애즈 등에서 선택할 수 있다.

6) CTR(click through rate)

: 배너 등의 노출 대비 클릭률이다. (클릭 수/impression) × 100으로 계산한다. 예컨대 인터넷 배너가 1백 번 노출되었을 때 단지 2번만 클릭이 되면, CTR은 2%로 계산된다.

7) CLV(customer lifetime value)

: 고객의 생애 동안 발생 가능한 가치를 산정한 값이다.

8) 전환율(conversion rate)

: 구매전환율을 의미하며, 고객이 퍼널에서 최종적으로 구매까지 간 비율이다.

9) 이탈률(bounce rate)

: 고객 이탈률을 의미하며, 랜딩 페이지나 웹사이트의 초기 화면을 방문한 고객이 아무런 행동(예: 클릭) 없이 해당 사이트를 떠난 비율이다.

10) 해지율(churn rate)

: 구독 취소 등으로 브랜드를 이탈한 비율이다.

11) PIS(post interaction score)

: 사후 상호작용 점수로서, 주로 페이스북, 유튜브 등 소셜 미디어에 게시글에 달린 공감, 댓글, 공유를 합산한 점수이다. 주로 기업용 소셜 미디어 서비스에 특화된 분석 서비스를 제공하는 기업인 빅풋(bigfoot9.com) 서비스가 사용하는 지표이다.

12) ROI(return on investment)

: 투자 대비 수익률을 의미하며, 수익/투자액으로 산출한다.

13) ROAS(return on ad spend)

: 광고 집행비용 대비 수익률을 의미하며, 수익/광고비 집행액으로 산출한다.

14) 고객 만족 점수(CSAT: customer satisfaction score)

: 보통 설문조사를 통해 얻은 고객 만족도 점수이다.

15) 순 추천 점수(NPS: net promoter score)

: 순 추천지수이며, 브랜드 충성도를 측정하기 위하여 10점 만점에서 7점 이상을 준 경우의 비율만을 측정한다.

M STP와 타겟 구축

STP(segmentation, targeting, positioning) 전략은 시장을 세분화하고, 선택한 목표 시장에 적합한 목표를 설정하고, 시장 선점에 필요한 상품이나 서비스의 이미지를 고객의 마음속에 자리매김하기 위한 일련의 마케팅 프로세스다. 목표 시장과 대상을 명확하게 함으로써 마케팅 활동의 집중력과 효과성을 높일 수 있으며, 고객의 마음속에 확고하게 정립된 브랜드 이미지는 경쟁으로부터 기업을 보호해준다. STP 전략은 마케팅 전략의 전부라고 해도 과언이 아닐 정도이다. 이메일 마케팅에서도 효과적인 STP를 전개하여야 한다. 메일 메시지를 원하거나 도움이 될 만한 고객을 발굴하고, 이들에게 상품과 브랜드에 대한 호의적 이미지를 심어주기 위하여 노력하여야 한다. 이런 활동을 전개하기 위해서는 먼저 시장, 즉 고객에 대한 이해와 시장 세분화를 위한 데이터 등의 기초자료가 필수적이다. 시장 세분화를 위해서는 성별, 연령, 직업, 소득, 라이프스타일, 취미, 구매기록 등 데이터가 요구되며, 이를 지원해주는 것이 바로 고객 리스트가 포함된 양질의 고객 데이터베이스이다. 그래서 데이터는 이메일 등 다이렉트 마케팅 수행에 가장 필요한 자산이 된다.

이탈이나 누락 없이 적합한 고객 데이터베이스를 보유하고 있다는 것 자체가 고객이 우리 기업에 인게이지(engage)하고 있다는 증표가 된다. 양질의 데이터베이스 구축은 모든 이메일 마케팅의 출발점이지만 실행은 어려운 일이다. 고객 입장에서 보면 '굳이 수고롭게 자신의 개인정보를 제공하는 위험을 감수하면서 이메일 수신을 희망할 이유가 있는가?'라는 의문을 제기할 수 있다. 이런 의문을 제기하는 고객으로부터 이메일 수신에 대한 허락, 즉 퍼미션(permission)을 받아내기 위해서는 고객 정보 제공의 대가로 무엇인가 가치 있는 혜택을 제공해야만 한다. 즉, 개인의 정보 제공이 기업의 가치 제공이라는 상응하는 반대급부로 돌아올 것이라고 생각할 때만 개인정보가 제공될 것이다.

이처럼 개인정보를 수집하고 정당한 퍼미션을 얻는 것은 쉬운 일이 아니며 비용 없이 가능한 일도 아니다. 따라서 기업도 구태여 전 국민의 데이터베이스를 모을 필요는 없으며, 기업 마케팅의 타겟이 되는 고객을 먼저 확인하고 이들을 대상으로 우선적으로 데이터베이스 구축을 하여야 한다. 결과적으로 선행하는 마케팅 전략에서 상품이나 서비스의 대상 고객과 포지셔닝이 확고해야만 데이터베이스 구축이 한결 수월해진다. 또한 STP가 확고하게 수립된다면 고객의 니즈(needs)와 원츠(wants)에 대한 정의도 명확해질 수 있으며, 타겟 고객도 더 세밀하게 정의할 수 있어 캠페인의 효과성이 증대하게 된다. 확보된 이메일 리스트는 세분화된 그룹으로 나누고, 더 어필할 수 있는 제안과 콘텐츠로 채워야 한다.

이를테면 확보된 명단을 연령, 지역, 직업, 성별, 종사 산업군, 과거 구매 경험 등으로 세분화하여 관리하고 각각의 집단에 적합한 콘텐츠를 발송하여야 한다. 명확한 타겟 고객에게 맞춤형 메시지가 전달될 경우 고객들은 본인의 욕구나 상황에 적합한 메시지라고 느끼게 될 것이며, 개인화된 캠페인의 성과는 더 높게 나타날 것이다.

고객 DB 확보 방안

이미 구축된 고객 정보가 충분한지 여부는 이메일 마케팅의 초기 진입 비용을 결정한다. 온라인 마케팅의 역사가 이제는 상당히 축적되었기 때문에 초기에 인터넷 홈페이지를 구축하거나 이메일 리스팅을 운영한 기존 기업들은 이미 적지 않은 고객 데이터베이스를 갖추고 있는 경우가 많다. 그러나 신생 기업이거나 최근 국내에 진출한 외국계 기업이라면 발송할 고객 명단이 준비되지 않았다는 점이 가장 큰 장애요인이 될 것이다.

고객 데이터베이스를 사고 파는 상업적 거래가 활성화된 미국 등의 국가라면 구매를 통하여 조기에 발송 주소록을 확보할 수도 있지만, 한국에서는 이런 경우 별다른 선택 여지가 없다. 필요한 고객 정보를 수집하기 위한 노력이 가장 먼저 진행되어야 한다.

이메일 주소를 포함한 고객의 정보수집을 위하여 가장 기본적으로 생각할 수 있는 방법은 기업의 웹사이트를 구축하고 회원 가입을 유도하는 것이다. 그러나 굳이 가입하지 않고 홈페이지를 이용하는 고객의 수가 증가하고 있으며, 고객의 자연 유입만을 기다리며 회원 수를 늘리는 것은 상당한 시간이 소요된다. 따라서 양질의 고객 데이터를 수집하기 위한 구체적이고 실질적인 노력들이 필요하다. 주로 활용되는 방법들은 다양하다.

첫째, 온라인 채널을 활용한다. 고객 정보 수집을 위한 온라인 이벤트 진행, 홍보용 랜딩 페이지의 구축, 온라인 설문 조사, 회원가입을 위한 경품 이벤트 등을 진행하거나 개인 제공 시에만 기술 문서, 소프트웨어의 다운로드를 허용하는 게이티드 콘텐츠(gated contents)의 제공, 제3자와의 제휴 마케팅 등을 통하여 추가로 고객 데이터베이스를 확보할 수 있다. 이때 회원가입을 위한 링크나 CTA 버튼은 온라인 사이트의 모든 곳에서 볼 수 있도록 위치해야 하며, 별도의 개인정보 입력창을 사이트 특정 장소에 상시 배치할 수도 있다.

솔루션 / 서비스명	솔루션	통합 메시징 시스템	대량 메일 시스템	
	서비스	캐리엘 서비스	카카오톡 비즈메시지	카카오페이 인증
회사명				
성명				
연락처				
이메일				
방문 경로	● 지인소개 　 언론 보도 　 네이버 검색 　 블로그 　 인스타그램 　 페이스북 　 유튜브 　 기타			

둘째, 온라인을 통한 직접적 정보 수집보다 효과성은 떨어지지만 회원가입 페이지로 유도하는 QR 코드를 점포 내 입간판, 이메일 영수증, 매장, 설문조사지, POP 광고물 등에 인쇄하여 활용할 수 있다. 보통 낮은 참여율을 높이기 위하여 경품 제공, 가격할인, 서비스 메뉴 제공 등 즉각적으로 받을 수 있는 혜택을 오프라인 현장에서 제공하여야 한다.

셋째, 문자와 앱을 활용한 방안도 가능하다. 단문이나 장문 문자를 발송하여 가입을 유도하거나 스마트폰의 앱을 활용하는 인앱 프로모션을 통하여 고객 정보를 확보할

수도 있다. 추가로 무작위로 발송된 이메일을 통하여 등록 권유를 하기도 한다.

넷째, 개인적인 대면활동을 통하여 수집한 정보를 정리하는 것도 필요하다. 고객과 직접 만날 수 있는 기회가 있다면 그들의 개인 정보를 수집하는 기회로 삼아라. 보통 명함을 주고받거나 가게나 카운터에 비치한 방명록, 전시회의 명함 박스 등을 통하여 수집한 후 정리하여 활용할 수 있다. 다소 시간이 걸리고 지루할 수 있지만, 대상 고객이 제한적인 B2B 거래나 지역기반 소상공인, 자영업자의 경우에는 웹이나 온라인 이벤트를 통한 수집보다 더 효과적일 수 있다.

그러나 이런 노력에도 불구하고 고객들은 쉽사리 정보제공 요구에 응하지 않는다. 개인 정보에 대한 불안감을 덜 수 없다면 이메일 마케팅은 존폐의 위기에 처할 것이다. 우편이나 방송과 달리 이메일 마케팅은 퍼미션에 기초한 다이렉트 마케팅 수단이다. 이메일 마케팅에서 고객 퍼미션의 중요성은 아무리 강조해도 지나치지 않다. 이메일이 수신되는 인박스는 지극히 개인적인 공간이기 때문에 사전에 퍼미션을 요청하는 것은 당연한 일이며, 국내뿐만 아니라 대부분의 국가들에서 퍼미션 없는 이메일 마케팅은 법으로 허용되지 않는다. 그렇다면 냉담한 고객들로부터 이메일 마케팅에 필요한 퍼미션을 얻을 수 있는 방법은 무엇일까? 고객들은 자신의 소중한 개인 정보 제공 시 이에 상응하는 가시적인 혜택 혹은 기대되는 혜택이 있으며, 제공된 정보는 철저한 보호 하에 안전하게 사용된다고 판단될 때 정보를 제공한다. 이런 차별적 가치를 제공하는 마케팅 관리자의 능력이 이메일 마케팅의 핵심 역량인 것이다.

B2B 마케팅 영역에서 이메일 마케팅은 효과적으로 작동하기 때문에 기업 간 거래가 중심인 기업들의 이메일 마케팅에 대한 투자는 적지 않다. 국내에 진출한 세계적인 CRM 솔루션 기업인 세일즈포스 역시 중요한 고객 확보의 수단으로 이메일 마케팅을 활용하고 있다. 세일즈포스는 홈페이지의 회원가입을 적극적으로 유도하고 있지는 않지만, 고객의 요청하는 매 순간을 데이터베이스 구축의 기회로 활용하는 전략을 사용하고 있다. 홈페이지를 둘러보다가 관심 있는 콘텐츠를 발견하거나, 솔루션 데모 체험, 기술 정보에 대한 추가 정보에 관하여 보다 상세히 알고 싶을 때면 정보 제공을 요청하는 팝업창이 예외 없이 뜨고 있다. 과도하게 많거나 민감한 정보를 요구하고

있지는 않으며, 이름, 회사, 부서명, 직함, 이메일, 전화번호 등 이메일 마케팅에 필요한 필수 정보의 수집으로 제한하는 방식으로 이용자의 거부감을 줄이고 응답 가능성을 높이고 있다. 또한, 정보 제공 시 얻을 수 있는 반대급부를 명확하게 제시함으로써 이용자 스스로 개인 정보 제공의 필요성에 납득할 수 있도록 구성되어 있다.

Salesforce Live: Korea
2022년 6월 28일(화)

6월 28일(화), Salesforce Live: Korea에서 참여하셔서

미래의 세상에 대한 모습과 새로운 성공 방식에 대한 영감을 받으시기 바랍니다. 최신의 혁신을 통해 여러분들이 어디에서나 성공할 수 있도록 지원합니다.

라이브 제품 데모와 함께 놀라운 메인 쇼를 즐기고 업계 최고의 전문가들의 이야기를 듣고 가수 '옥상달빛' 특별 공연도 즐기세요.

더 많은 인사이트와 더 특별한 즐거움으로 가득한 시간,

6월 28일(화) 오후에 여러분과 함께합니다!

세일즈포스 관련하여 궁금하신 점이 있으면 문의란에 남겨주세요.

등록을 위해 다음 양식을 기입해 주세요.

성 | 이름

직함 | 이메일

회사 | 직원

전화 | 국가/지역

문의

등록하면 개인정보 보호정책에 설명된 대로 Salesforce가 귀하의 개인 데이터를 처리하는 것에 동의하는 것이 됩니다.

☐ 예. Salesforce 제품, 서비스 및 이벤트 관련 마케팅 정보를 수신하고 싶습니다. 본인은 언제든지 구독을 취소할 수 있습니다.

☐ 예, 문자 메시지를 통해 Salesforce Live: Korea에 대한 업데이트를 받고 싶습니다.

☐ 귀하의 연락처 정보는 마케팅 목적으로 (주)피코커뮤니케이션와 공유되며 후원사의 개인정보 보호정책을 적용받습니다.

신청하기

ⓜ 퍼미션의 종류

　모든 고객의 정보가 메일링 명단에 포함되고 이메일 발송에 사용되려면 고객의 가입 의사를 확인하는 퍼미션 과정이 필요하다. 퍼미션 확인 과정은 일괄적으로 메일 수신을 허락하는지 불허하는지의 이분법적 구분이 아니라, 어느 정도까지 허용하는지 정도의 문제이며, 허용 정도에 따라 각기 다른 수준과 형태로 제공될 수 있다. 이하 구분은 퍼미션의 강약에 따라 다양한 수준을 차례로 보여준다.

1) 옵트아웃(opt-out)

: 발신인이 사전에 수신자의 동의를 구하지 않고, 구매 기록이나 기타 다른 방법으로 확보한 고객 기록으로부터 추출한 리스트를 이용하여 일방적으로 발신한다. 이후 수신자가 이메일 수신을 원하지 않을 경우에는 직접 해지나 거부의사를 표시해야 한다.

2) 싱글 옵트인(single opt-in)

: 구독 폼(subscription form) 혹은 온라인 제출 양식을 통하여 수신자가 자신이 이메일 리스트에 포함되는 것을 허락하는 과정이 필요하다. 허락을 득한 이후에는 별도의 추가적인 과정이나 점검 없이 바로 이메일을 발신한다.

3) 검증이 포함된 싱글 옵트인(single opt-in with validation)

: 싱글 옵트인으로 수집된 고객 주소를 발송 명단에 포함시키기 위한 사전 단계로 데이터 정합성을 검증한다. 즉 이메일 주소의 오타나 개인 정보의 오류 등을 점검한 이후에 데이터베이스의 주소록에 포함하며, 고객이 스스로 자신의 입력 정보를 점검할 기회를 준다.

4) 확인을 거친 싱글 옵트인(single opt-in with confirmation)

: 정보를 제공한 고객의 이메일 주소로 다시 확인 메일을 보내며, 수신자에게 메일이 전달된 것이 확인된 경우에만 발송 리스트에 포함된다.

5) 이중 옵트인(double opt-in)

: 고객 동의 후 최초로 고객에게 확인을 위한 이메일을 보내고, 해당 회신 메일을 링크나

답신 등의 형태로 회신을 해준 경우에만 발송 리스트에 최종적으로 포함된다.

6) 캡차를 활용한 이중 옵트인(double opt-in with Captcha)

: 가장 불친절하지만 가장 엄정하게 이루어지는 퍼미션 과정이다. 캡차(Captcha: Completely Automated Public Turing Test to Tell Computer and Human Apart)라는 검증 도구를 이용하여 추가 검증하며, 캡차 수준에 따라 높은 보안성을 제공한다. 보통 웹사이트나 서비스에 인간이 아닌 프로그램이나 웹봇이 사용자를 가장하여 가입을 시도하는 경우가 종종 있는데, 캡차는 이메일 사용에 동의하는 온라인 사용자가 웹봇이나 프로그램이 아닌 실제 사람인지 확인하기 위한 절차를 의미한다. 일종의 자동화된 튜링 테스트(Turing test)로 이해할 수 있다.

가장 고전적 형태의 캡차는 변형된 디자인으로 표현된 특정한 문자나 숫자를 사람이 식별하는 과정으로 진행된다. 또한 I'm not a robot이라는 문장에 동의 여부를 표시하는 형태의 캡차도 자주 마주하게 되는데, 이 캡차는 동의 여부의 체크 표시 여부뿐만 아니라 마우스의 이동 궤적을 같이 인식하여 인간 여부를 식별하게 된다. 구글이 제공하는 강력한 리캡차(reCAPTCHA)는 특정 사진 속에서 신호등, 횡단보도, 자동차 등 특정 이미지가 포함된 타일을 선택하도록 요청하는 등 특정 과제를 제시하는 형태로 진행한다.

M 옵트인 촉진

이메일은 발신자 입장에서는 정보의 제공이지만 수신자의 입장에서는 단지 성가신 광고에 불과할 수도 있다. 수신자에게 이메일이 가치 있는 커뮤니케이션이 되기 위해서는 가시성(visibility), 제공 가치(value), 속도(velocity)의 3V 요인을 갖출 필요가 있다.

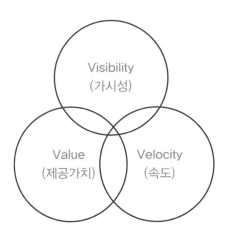

1) 가시성(visibility)

: 회원가입이나 구독 리스트 가입 등 옵트인에 참여할 수 있는 링크나 메뉴의 위치가 잘 보이는 곳에 있어야 하며, 충분히 주목을 끌 수 있어야 한다. 가입 권유의 위치는 웹 페이지상의 여러 지면에서 테스트 해보아야 하며, 단지 홈페이지 초기 화면에 국한하지 말고 고객이 홈페이지를 이용하면서 경험할 수 있는 페이지의 접점 곳곳에 위치시키는 것이 중요하다. 그리고 단지 옵트인을 권유하는 문구 게재에 만족하지 말고 다양한 이미지나 CTA 버튼 등을 통하여 시간적으로 부각시켜야 한다.

2) 제공가치(value)

: 데이터나 정보는 잠재적 가치를 가지고 있는 소중한 경영상의 레버리지이다. 값어치 있는 모든 재화에는 대가가 따르며 옵트인에 제공하는 개인 정보 역시 적절한 등가교환의 대가 지불이 필요하다. 이름, 주소, 생일 등 개인 정보를 요청한다면 그에 상응하는 혜택이 주어질

수 있음을 제공동의자에게 상기시켜야 한다. 이메일 수신자 명단에 참여하면 어떤 콘텐츠나 정보들이 주어질 것인지 가입 단계에서 명확하게 제시하고, 그 제공물의 가치가 높음을 스스로 증명하여야 한다.

3) 속도(velocity)

: 옵트인에 동의하는 과정은 단순하고 쉬우며, 소요되는 시간은 짧아야 한다. 옵트인의 개인 프라이버시 보호를 위하여 복잡한 인증 절차가 필요하고, 옵트인 과정에서 가급적 많은 개인 정보를 축적하고 싶은 기업의 욕구가 있기 때문에 이 부분을 충족하는 것은 결코 쉽지 않다. 그러나 너무 많은 정보의 입력을 초기에 요구한다면 이용자의 거부감을 키울 수 있다. 아직 기업에 대한 신뢰나 확신이 없는 상황에서 무리한 정보 입력 요구에 동의하기 어려울 것이다. 너무 많은 질문을 하려는 욕심을 초기에는 버리고 가장 기본적인 질문만 하고, 이메일을 주고받는 과정에서 고객의 전반적인 형상인 고객 프로파일을 완성해가는 점진적 방식을 택하라. 특히 최근에는 인공지능의 발전과 마케팅 도입으로 비어 있는 고객 정보를 비교적 높은 정확도로 통계적 추정을 통하여 채워 넣을 수도 있다. 페이스북이나 인스타그램도 가입 시에는 많은 정보를 물어보지 않지만, 반복된 로그인 과정과 이용자의 선호 콘텐츠 등을 분석하면서 전반적인 이용자 프로파일의 정보 완성도를 높인다.

DB 품질의 관리

고객의 개인 정보는 영구적이지 않으며 계속 변화한다. 성함이나 성별, 전화번호 등은 쉽게 바뀌지 않겠지만, 주소, 이메일 정보 등은 자주 변동한다. 전세 세입자의 경우 2년마다 이사를 가는 경우도 빈번하고, 주된 이메일 주소는 이메일 서비스 기업을 갈아타거나 대학 진학, 직장 이직 등의 주요 이벤트가 있을 때 생각보다 더 쉽게 바뀐다. 이처럼 고객 데이터베이스에 있는 정보들은 가변적이기 때문에 초기에 아무리 완벽한 고객 정보를 확보하였어도 꾸준한 관리 없이는 양질의 데이터베이스를 유지할 수 없다. 데이터베이스 관리를 위한 지속적인 투자와 정보 업데이트 등의 노력이 필요하다. 이와 관련하여, 데이터베이스 관리를 위한 다양한 후속 노력이 이어져야 한다.

첫째, 우선 신규 고객의 정보 수집을 위한 노력은 멈추지 말고 계속되어야 한다. 대부분의 기업들은 매년 새로운 고객들이 유입되며, 신규 고객들은 아직 브랜드 충성도가 기존 고객보다 높지 않고 경쟁사로의 이탈 가능성도 높기 때문에 이메일 마케팅을 통한 관계 구축의 필요성이 더욱 크다. 만일 마케팅 예산이 충분하다면 고객 정보 수집을 위하여 이메일 캠페인에 국한할 필요가 없으며, 검색 광고나 배너 광고, 온라인 이벤트 등 다양한 수단을 활용하여 더 많은 관심 고객을 유입시키고, 데이터베이스를 확장하기 위한 노력이 필요하다.

둘째, 이메일 캠페인의 성과를 점검하면서 부정적 성과를 나타내는 반송률에 주목하여야 한다. 반송이나 스팸 처리가 빈번하게 반복적으로 발생하는 경우에는 더 이상 해당 이메일이 유효하게 사용 중이지 않을 가능성이 있다. 물론 어차피 이메일을 열람하지 않으니 계속 보내도 괜찮을 것이라고 잘못 생각할 수도 있지만, 이는 수신 대상자가 사용하는 진성 이메일 주소를 획득하려는 노력을 저해할 수 있으며 데이터베이스의 전반적 품질을 저하시킨다. 빈번한 반송자는 이메일 리스트에서 제거하는 것이 필요하다. 스티비나 메일침프 같은 대부분의 이메일 마케팅 플랫폼들이 고객 리스트 개수에 따라 과금을 달리하기 때문에 소액이지만 마케팅 비용의 낭비도 발생한다.

셋째, 탈퇴 회원에 대한 관리가 필요하다. 탈퇴 고객은 대부분 기업이 제공하는 상품이나 서비스에 더 이상 만족하지 못하는 불만족 상태일 가능성이 높으며, 불만족한 고객의 확산하는 입소문의 부정적 영향은 크다. 이를 완화하기 위하여 탈퇴 회원에게는 그간의 이용에 대한 감사의 메일을 마지막으로 보내는 것이 좋다. 감사 메일은 시나리오를 구축하여 자동 발송될 수 있도록 드립 캠페인(drip campaign)으로 준비하고, 섬세한 메시지를 제공하라. 그리고 가능하다면 탈퇴를 철회하고 다시 서비스에 복귀할 경우에 받을 수 있는 가격 할인, 무료 제공, 경품, 기타 추가적 혜택을 제안하는 것도 권장된다. 탈퇴 이메일을 고객 설득의 마지막 기회로 활용하라.

넷째, 구독 중이지만 열람이나 참여 등 전환이 이루어지고 있지 않은 비활성 이용자에 대하여 재활성화 전략을 개발하고 실행하여야 한다. 탈퇴를 하지 않았지만 활성화되지 않은 이용자들은 보통 단순히 탈퇴 과정을 번거롭다고 생각하여 방치하는 중이거나 혹은 매일 날아오는 이메일에 익숙해져서 더 이상 관심을 주지 않은 경우이다. 전자의 경우라면 고객이 관심을 가질만한 새로운 가치 제안을 개발하여 메시지에 담아야 하며, 후자의 경우라면 이메일의 발송 시간을 변경하거나, 이메일의 제목의 카피를 보다 흥미롭게 구성하는 등의 방식으로 열람을 유도할 수 있다.

다섯째, 이메일 발송에 관련된 규정과 법률을 잘 준수하고 있는지 지속적으로 모니터링하고 이메일 발송 방식 등이 통신사업자로부터 제재를 받을 여지가 없는지 상시적으로 점검하고 개선해야 한다. 개인 정보의 수집, 보호, 활용에 관한 제반 규정은 개인정보 강화의 방향으로 수시로 변경되고 있으며, 개인 정보 침해 사례나 범죄가 사회적 이슈가 되는 경우에 일정한 영향을 받을 수밖에 없다. 관련 내용들은 상시적으로 모니터링하며 이메일 마케팅 관리체계 개선에 반영하는 방식으로 미래의 위험에 대응할 필요가 있다.

◪ 고객 경험 도구로 진화

　수신자들이 열어보지 않는 이메일은 목적을 달성하기 어렵다. 어렵게 이메일을 보냈더라도 대부분의 수신자가 수신 거부나 구독 취소를 한다면 데이터베이스 마케팅의 의의는 퇴색될 것이다. 이메일이 단순한 정보 제공의 미디어에서 고객의 경험을 확장하는 도구가 되어야 하는 이유이다. 이메일의 고객 경험을 강화하기 위해서는 개인화, 유용성 제공, 고객 지향성 강화가 필요하다.

　다양한 고객 경험 확장의 노력 중에서 가장 먼저 이메일의 개인화, 맞춤화를 강화하는 방향이 검토되어야 한다. 미국의 상업기관인 예스 라이프사이클 마케팅(Yes Lifecycle Marketing)이 2019년 시행한 기업 대상 조사결과에 따르면 개인화는 이메일의 퍼포먼스를 극적으로 증대시키는 요인이다. 단지 이메일 제목에 고객의 실제 이름을 삽입하거나, 메일 제목에 고객의 관심사를 반영하여 개인화한 경우의 이메일 "열람"률은 50% 이상 증가하였다. 특히, 쇼핑 카트에 담아놓고 아직 결제까지는 하지 않았던 상품에 대하여 구매를 권유하는 이메일을 발송할 경우의 주문율은 69% 이상 획기적으로 성장하였다. 이는 개인화된 이메일이 마케팅의 진행 과정상의 효율성뿐만 아니라 수익 등 최종 성과까지 개선할 수 있는 효과적 수단임을 보여준다.

**카트에 담긴 미구매상품에 대한
안내 이메일의 주문률은**

69%이상 향상

**개인화된 제목을 단 e-mail의
오픈률은**

50%이상 향상

ⓜ 개인화의 강점

이메일은 용이하게 개인 맞춤형 마케팅을 진행할 수 있는 최적의 수단 중 하나이다. 이메일이 개인화 마케팅에 적합한 이유는 다양하다.

첫째, 이메일은 유니크한 개인 식별 정보의 하나이다. 한 사람이 여러 개의 이메일 주소를 갖고 있는 경우도 흔하기는 하지만, 하나의 이메일 주소를 여러 사람들이 공유하는 경우는 사실상 존재하지 않는다. 이름이나 주민등록번호처럼 단일의 식별정보는 아님에도 효과적으로 개인을 식별한다. 실제로 온라인 마케팅에서의 개인 식별은 중요한 요소이며 이를 위하여 쿠키(cookie)를 설치하거나 광고 ID를 식별자로 사용하기도 한다. 그러나 쿠키는 브라우저별로 정보를 모으기 때문에 마이크로소프트 엣지, 구글 크롬, 네이버 웨일, 애플 사파리 등 다양한 브라우저를 사용하는 경우에는 각각의 브라우저별로 쿠키가 설정되고 정확한 개인 식별이 어렵다. 엣지와 크롬을 모두 사용하는 경우, 한 명의 이용자가 두 명의 이용자로 분리 식별된다. 광고 ID 역시 스마트폰, 스마트 패드 등 단말기를 여러 개 보유한 경우에 식별 효과는 떨어진다. 이런 측면을 고려하면 이메일은 여타 식별자보다 더 정확하게 개인을 식별할 수 있다.

둘째, 푸시(push) 채널로서의 활용성은 개인화를 촉진할 수 있다. 고객의 생일, 기념일 등 정보를 바탕으로 고객에게 친근한 메시지를 보내거나 고객 맞춤형 상품 제안을 보낼 수 있으며, 고객과의 대화를 기업이 먼저 시작할 수 있다. 배너 광고 같은 풀(pull) 채널들도 고객이 방문한 이후부터는 고객과의 상호작용이 가능하지만 이는 오직 고객의 자발적인 방문을 전제로만 가능하기 때문에 기업이 주도권을 잡고 적극적으로 관계를 구축해나가는 데 제한이 있다. 그러나 이메일은 필요하다고 생각하는 시점에 먼저 고객에게 접근함으로서 비활성화 상태의 관계를 개선하는 데 유리하다.

셋째, 이메일은 최근 디지털 마케팅 기업의 필수 도구가 된 웹 애널리틱스(web analytics)나 CRM 등 다양한 마테크(mar-tech)와 빠르게 접목되고 있다. 이메일 마케팅을 지원하는 스티비, 메일침프 등의 솔루션들은 자체적으로 캠페인 성과를 요약하여 보여주는 대시보드 기능을 제공하고 있고, HTML 코드나 이미지로 구성된 이메일의 본문은 구글 애널리틱스 등의 추적 도구를 이용하여 이메일의 도달 여부, 메시지 열람 여부, 클릭이나 구매 등 연결 여부 등을 상세하게 분석하고 개선점을 확인하는 것이 가능해졌다.

넷째, 다수 이용자의 방문을 유도하는 웹사이트에 비하여 개인화에 상대적으로 유리하다. 발송되는 이메일은 오직 수신자 한 명에게만 노출되는 정보이기 때문에 발송자 이름, 메일 제목, 메일 본문, 삽입된 이미지, 서비스 제안이나 가격 등을 수신자 개개인에 맞추어 완전히 개인화하는 것이 가능하다. 그러나 일반적인 웹사이트나 랜딩 페이지는 불특정 다수를 위하여 공개되는 사이트이다. 만일 웹사이트에 특정 연령대에 대한 대폭적인 할인 행사를 진행한다고 공지한다면, 불필요하게 다른 연령대 고객의 불만이나 이탈을 불러올 수 있을 것이다. 이메일은 이런 민감한 이벤트나 개인화된 제안을 은밀하고 조용하게 진행할 수 있다.

다섯째, 이메일은 사실상 어떤 단말 기기에서도 확인이 가능하며, 단말 기기의 성능이나 운영체제의 종류에 구애받지 않는다. 이메일을 수신받는 고객의 환경이 윈도우 혹은 맥북인지 구분할 필요가 없으며, 고성능 PC에서 열람하는지 혹은 저사양의 스마트폰에서 열람하는지 고민할 필요가 없다.

M 개인화의 방법

이메일 개인화를 위하여 다양한 방법을 활용할 수 있다.

첫째, 수신자와의 커뮤니케이션의 시점을 개인에게 맞출 수 있다. 이메일을 발송하는 시간이나 발송 빈도를 조정하여 개인에게 가장 최적화된 발송 주기를 찾을 수 있다. 직장인과 가정주부, 학생들의 경우 평균적으로 이메일을 확인하는 시간대가 다르다. 메시지의 내용이 개인적 내용인지 업무 관련성이 높은지에 따라서 메일을 확인하는 요일도 다르다. 메일을 확인하는 주기도 하루 한 번 정도 드물게 하는 경우도 있지만 수시로 하는 사람도 적지 않다. 수신자의 메일 개봉 주기가 각각 다르다면 상대적으로 개봉 시점에 발송하는 메일이 수신함 상단에 위치하며 읽힐 가능성 역시 높아지게 된다.

둘째, 이름을 불러주는 것과 익명으로 응대하는 것은 친근함에 큰 차이가 있다. 구체적으로 상대방의 이름을 포함하여 '홍길동 과장님'으로 보낼지 혹은 단순히 '친애하는 고객님'으로 보낼지에 따라 메일에 대한 태도나 성과는 달라질 것이다. 이처럼 개인화를 위하여 메일 제목에 이름이나, 회사명, 직함 등을 맞춤화하여 넣을 수 있는 메일 머지(mail merge) 기능의 이용이 필요하다.

셋째, TV 광고나 배너 광고이든 일반적인 광고는 불특정 다수를 상대로 하는 매스미디어적 특성을 가지고 있다. 이런 광고 지면을 통하여 고객 개개인의 관심사나 개인사를 반영하여 광고를 할 수 없다. 반면 이메일은 고객이 직접 입력한 개인 정보를 바탕으로 특정 기념일을 마케팅에 활용할 수 있다. 메일 머지 기능을 응용하면 '결혼 1주년을 맞은 이원준 님에게 추천'처럼 생일, 결혼기념일, 특정한 사이트의 첫 가입일 등의 개인에게 특별한 이벤트를 상기하는 메일 제목으로 변경하여 보낼 수도 있다.

넷째, 메시지와 콘텐츠를 이용자의 주된 활동지역에 맞추어야 한다. 아무리 맛있는 맛집이더라도 부산에 있는 사람에게 서울이나 강릉의 맛집 소개는 별 의미가 없을 수 있는 것처럼, 지리적 근접성을 이용한 이메일 콘텐츠가 효과적이다. 한정된 지역 커뮤니티를 중심으로 중고거래를 제공하는 당근마켓의 성장 스토리는 지리적 근접성의 장점을 보여준다. 또한 개인의 관심사를 반영하는 것이 필요하다. '군대 생활 잘하기 팁' 같은 콘텐츠는 대부분의 여성들이나 예비역들에게는 별다른 감흥을 주지 못할 것이다.

다섯째, 고객의 과거 행동이 담겨 있는 이력 정보에 기반하여 맞춤화한다. 이는 실제 고객이 했던 행동을 기반으로 한다는 점에서 매출 등 성과 창출에 효과적이다. 역사는 반복된다. 대부분의 웹사이트에서는 구글 애널리틱스 등 트래킹 도구를, 스마트폰 앱에서는 앱스플라이어(Appsflyer) 같은 트래킹 도구를 통하여 방문자의 모든 행동, 특정 사이트 내에 머무는 시간, 장바구니 구매 특성 등을 분석하고 있다. 이러한 구매 정보나 이력 정보를 기반으로 진행되는 리마케팅(remarketing) 광고를 메시지에 담거나 이들의 다음 행동을 추천하는 개인화된 이메일을 보낼 수 있다.

여섯째, 연령이나 성별, 혹은 직업 등 세분집단별로 특히 선호하는 라이프스타일이나 트렌드, 관련된 상품들이 있을 수 있다. 예를 들어, MZ세대가 선호하는 패션 브랜드는 그들 부모 세대와 확연히 다르며, 초등학생들이 사용하는 언어는 기성세대와 다르다. 이러한 정보를 기반으로 특정 라이프스타일의 선호도를 활용하여 맞춤화된 추천 이메일 등을 발송할 수 있을 것이다.

✉ **PART 03**

이메일 콘텐츠
구상하기

INDEX.

e

Ⓜ 발송 콘텐츠의 종류

발송되는 이메일은 단순히 안부를 주고받는 서간문이 아니다. 인터넷을 통하여 전달되는 상업적 목적의 콘텐츠이다. 따라서 이메일은 다양한 콘텐츠의 형태를 가질 수 있으며, 취하는 형태에 따라서 전혀 다른 비즈니스 이해가 필요하다. 이메일을 통하여 뉴스레터, 판매촉진 및 광고 메시지, 고객에 대한 자동응답, 구매 행동에 기반한 맞춤형 캠페인, 구독형 콘텐츠, 설문지 양식, 영수증 등의 거래 증빙, 기타 다양한 콘텐츠 포맷이 발송될 수 있다.

1) 뉴스레터(newsletter)

: 뉴스레터란 새로운 소식을 의미하는 뉴스와 편지를 뜻하는 레터가 결합하여 생겨난 말로, 보통 특정한 관심 분야의 소식이나 정보의 전달을 위하여 발신자가 정기적으로 구독자에게 전송하는 이메일 콘텐츠이다. 자신이 필요로 하는 특정 분야의 소식을 집중적으로 받는다는 점에서 개인의 만족도를 높일 수 있다.

2) 판매촉진(광고) 메시지

: 상품의 판매나 서비스의 가입을 권유하기 위한 광고나 판매촉진 이벤트 내용을 담아서 발송할 수 있다. 상세한 상품 설명, 사진 이미지, 사용자 증언 등으로 구성되며, 보통 구매나 가입을 촉진하기 위한 CTA버튼을 포함하고 있다. 메일 제목이나 본문에 포함된 '광고'라는 키워드로 시작하는 정보들은 자동으로 스팸 메일함으로 가는 경우도 종종 있기 때문에 제목에서 눈길을 끌 수 있는 매력적 카피 개발이 필요하다.

3) 자동응답 이메일

: 발신자가 사전에 설정한 시나리오에 따라 조건을 충족하는 경우 자동적으로 이메일이 발송된다. 주로 회원 가입에 따른 환영 이메일, 가입 선물로 다운로드 링크의 제공, 커리큘럼이나 교육 프로그램의 송보, 구독자를 위한 주요 알람, 생일 등 이벤트의 축하 메시지, 탈퇴 인사 등에 사용한다.

4) 구매 행동 기반의 맞춤형 캠페인

: 고객의 전 단계에 행동에 따라 다음 단계에 적합한 메시지를 자동적으로 보내고자 할 때

이를 드립(drip) 캠페인이라고도 불린다. 일례로 관심상품으로 찜해 놓았으나 결제가 되고 있지 않다면, 일정 시간 경과 후 결제를 리마인드 할 수 있다. 혹은 온라인 교육 사이트를 최초 방문 이후에 한 달이 지나도록 재방문이 발생하지 않는다면 수강 권유를 하는 이메일을 자동으로 발송할 수 있다.

5) 구독형 콘텐츠

: 메일링(mailing) 서비스로 부르며 월 구독료를 지불하고 교육 정보, 문학, 에세이 등의 콘텐츠를 이메일을 통하여 정기적으로 받아보는 형태이다. 뉴스레터와 유사성이 있으며, 대가를 지불하며 신문이나 잡지처럼 정해진 시간 단위로 받아본다는 점에서 다소 차별성이 있다. 국내에서는 2018년을 즈음해서 개인이 발송하는 메일링 구독이 본격적으로 등장하기 시작하였다. '일간 이슬아'는 월간 구독료 1만원을 지불하면 소설, 서평, 서간문, 수필, 풍문 등의 다양한 콘텐츠를 매주 평일에 이메일을 통하여 발송하고 있다.

6) 설문지 양식

: 구글 폼즈, 네이버 폼, 서베이몽키 등을 통하여 개발한 온라인 설문지를 이메일을 통하여 발송할 수 있다. 이들 서베이 도구들은 온라인 설문지로 바로 가는 링크를 이메일에 첨부하는 방식으로 전달이 가능하다. 설문 참여도를 높이기 위하여 사례를 제공하거나 지난 설문조사의 결과를 공유하기도 한다.

7) 영수증 등 거래증빙

: 드립 캠페인의 일종으로 서비스 요금이나 상품 결제 금액이 담긴 영수증을 자동적으로 발송할 수 있다. 자동화된 마케팅을 통하여 기업의 비용을 절감하고, 거래 증빙의 발송을 통하여 브랜드를 환기하거나 새로운 구매를 유도할 수 있다

ⓒ 쿠키자동충전
결제 내역을 안내해 드립니다.

meet****님, 안녕하세요,

쿠키자동충전을 이용해 주셔서 감사드립니다.
고객님께서 2022년 06월 04일 01:52 등록/변경하신 자동충전 내역을 안내해 드립니다.
자세한 내용은 시리즈 > MY > 쿠키충전에서 확인할 수 있습니다.

06월 04일 결제정보

총 상품 금액(1건)	2,000원
총 결제 금액	2,000원
네이버페이 포인트	20원
카드 간편결제	1,980원
적립 예정 포인트	20원

8) 기타 콘텐츠

: 웹툰, 카드뉴스, 동영상, 소셜 미디어 콘텐츠 등 기타 다양한 콘텐츠를 발송할 수 있다.

이메일 콘텐츠 제작 형식

이메일 콘텐츠 제작의 기획 초기에 결정해야 되는 부분은 단순한 텍스트 이메일 형태로 전송할지 혹은 HTML을 활용하여 이미지나 기능이 풍성한 메시지를 구성할지 여부를 결정하여야 한다. 우선 텍스트 포맷에는 단순한 문자 중심의 일반 텍스트와 글자 크기, 색상, 이탤릭체 설정 등 다양한 기능이 가능한 리치 텍스트(rich text)의 형태가 있다. 개인 간에 사적인 이메일을 주고받을 때는 대부분 텍스트 형태로 메시지를 작성하게 되며, 사진이나 파일 등은 첨부 형태로 발송하게 된다.

텍스트는 단말기기나 해상도에 민감하지 않기 때문에 거의 모든 상황에서 잘 보이며, 다른 이메일 포맷에 비하여 스팸 필터로 걸러질 확률도 낮다는 장점이 있다. 간단한 연락을 주고받는 목적으로 이메일을 사용할 경우 유용하다. 타겟 고객이 이런 이메일에 호의를 보이는 계층이고, 간단한 내용과 CTA 버튼만으로 성과를 거둘 수 있다면, 텍스트 이메일은 효과적인 대안이 된다.

보통의 이메일 발송은 다수에게 발송하는 1:n의 형태로 배포되기도 하지만, 소수의 고객이 강조되는 1:1의 개인적 형태로 전개되는 이메일 마케팅도 존재한다. 고객이 소수만 존재하는 B2B 영역이나, 오랜 관계가 형성된 고객과의 1:1 커뮤니케이션이 드문 것이 아니며, 이런 경우에는 오히려 화려한 HTML 기반의 멀티미디어 메시지보다 단순한 텍스트 기반 이메일 메시지가 더 환영받고 친근감을 줄 수 있다.

반면에 HTML에 기반한 이메일은 매우 창의적이고 확장성이 높은 메시지 제작 방식이다. 이메일의 모든 내용과 형태를 원하는 대로 변형하여 사용할 수 있다. 제목, 이메일 하단의 푸터(footer), 로고나 색상, 배경색, 삽입 이미지 등을 자연스럽게 이메일 속에서 보여줄 수 있다.

HTML 기반 이메일은 별도로 웹 코딩을 해야 하는 번거로움이 있지만, 최근 이메일 마케팅 플랫폼들은 코딩 없이 적용이 가능한 HTML 템플릿을 제공하기 때문에 코딩에 대한 전문적 지식이 없어도 간단하게 수정하거나 사용할 수 있다. 다만 이런 HTML

기반 이메일은 텍스트 기반 이메일보다 스팸 필터에 다소 취약하다는 단점이 있으며, 기기 환경에 따라 디자인이 깨져 보일 수도 있다. 일부 고객 중에는 추가되는 데이터 통신요금에 대한 우려를 이야기할 때도 있다. 그러나, 2017년 시장조사기관인 마테크 어드바이저(Martech Advisor)사의 조사 결과에 따르면 텍스트 기반 이메일에 비하여 동영상 등이 포함된 HTML 이메일의 클릭률이 300% 이상 향상된다고 한다. HTML 이메일을 포기할 수 없는 이유다.

이메일의 개봉 절차

일단 발송한 이메일이 읽혀보기도 전에 삭제되는 비운을 피하기 위해서는 발신자 입장이 아니라 수신자 입장에서 이메일이 어떻게 노출되고, 어떤 부분들에 시선이 가는지를 확인할 필요가 있다. 이메일 메시지는 크게 메일을 클릭하기 이전에 수신함인 인박스(Inbox)에서 먼저 보이는 부분과 메일을 클릭한 이후 메시지 본문에서 보이는 랜딩 페이지(Landing page), 두 가지 형태로 구분하여 살펴볼 수 있다. 우선 이메일을 열어볼지 말지, 혹은 스팸이나 삭제 처리를 할지 여부를 수신함에서 획득한 정보로 결정하고, 이를 통과하여야만 이후의 단계에서 메시지를 열람하게 되는 것이다.

▲ 인박스(Inbox)

▲ 랜딩 페이지(Landing page)

인박스 기획

  우선 메일 수신함을 통하여 식별할 수 있는 정보는 보통 이름이나 기업명 등의 발신자 정보, 이메일 제목(subject line), 프리헤더(pre-header) 정도가 전부다. 수신함에 표시되는 정보는 이메일을 열어볼지 말지를 결정하게 하는 가장 중요한 첫 단추이다. 인박스에서 확인할 수 있는 정보나 내용이 충분히 눈길을 끌어야만 이메일을 열어보게 된다. 이메일의 홍수를 고려하면 무리도 아니다.

1) 발신자 정보

 : 수신인이 당신의 이름이나 기업, 브랜드명을 사전에 알고 있지 못한다면 바로 쓰레기통으로 갈 확률이 높다. 수신자가 충분히 알 수 있는 브랜드 명칭, 기업명, 프로그램 명칭 등이 발신자 명칭에 드러나야 한다. 그러나 새로운 고객을 창출하기 위한 리드(lead) 캠페인으로 진행될 경우 고객이 발신자 정보에 생소한 상황도 쉽게 존재한다. 이런 경우에는 발신자 성함보다는 보다 신뢰성 있는 기업명을 사용하는 것이 유리할 수 있다. 특히 주의해야 할 점은 일부 스팸 프로그램은 발신자 이름에 '회신 금지(Do not reply)' 등의 문구가 포함되어 있으면 자동으로 스팸처리를 해버리기 때문에 주의가 필요하다.

2) 메일 제목

 : 첫 인상의 결정과 주목끌기에 효과적인 제목을 설정하여 눈에 띄는 메일을 보내는 것이 중요하다. 메일 제목 만들기는 이메일의 카피라이팅이다. 매력적 카피라이팅이 필요하다. 좋은 제목을 만들기 위한 팁을 제안하면 다음과 같다. 일단 제목은 단순할수록 좋다. 일일이 제

목을 읽게 하지 말고 한눈에 들어오도록 해야 한다. 이를 위해서, 메일의 가장 중요한 키워드를 뽑아서 제목에 배치한다. 제목에 결론을 넣는다고 생각하고, 계속 글자 수를 줄여나가야 한다. 경우에 따라서는 수신자의 행동을 요구하는 명령형 단어도 효과적이다. 바쁜 고객들에게 별 고민 없이 수동적으로 메일을 열기 때문에 단순한 명령에 거부감 없이 따를 수도 있다. 일례로, '찾았다 여름 휴가지', '당신이 원하던 바로 그 상품!'과 같은 명령형 제목은 자신도 모르게 클릭을 하게 할 것이다. 또한 중요한 정보가 담긴 이메일의 경우에는 보관할 만한 가치를 드러내는 제목을 삽입해야 한다. 당장은 바쁘더라도 나중에 수신함에 저장하였다가 볼 수 있도록 호기심 유발, 재미 유발, 지각된 가치 제공, 시급성에 대한 경고 등이 포함되어야 한다. 주의하여야 할 사항은 발신자의 이름과 제목은 분리된 데이터 필드지만, 수신함에서 시각적으로는 연결된 것처럼 보인다. 발신자 이름이 기업명이나 브랜드명이었다면, 이메일 제목에는 해당 정보를 다시 삽입하여 불필요하게 중복 정보를 제공하거나 표시 공간을 낭비하지 말아야 한다.

3) 프리헤더

: 어떤 이메일 프로그램을 사용하는지에 따라 차이는 있지만 이메일 서비스에서는 메일 카피 본문의 첫 줄이 이메일 제목 옆에 나란히 같이 표기되기도 한다. 이메일 본문 카피의 첫 줄은 프리헤더(pre-header)로 불리는 텍스트 스니펫이다. 이메일 본문의 열람 전에 프리헤더의 내용까지 상세히 보는 경우는 드물지만 본문 첫 줄이 이메일 제목 옆에 제한된 글자 수로 표시될 수 있음을 주의하여야 한다. 프리헤더는 서브 카피의 역할을 수행한다. 이메일 제목과 중복되지 않는 간략하고 명쾌한 카피와 이메일 제목을 만드는 섬세한 노력이 요구된다. 또한 간단한 질문으로 구독자의 관심을 유도하거나 재미있는 이모티콘을 활용하여 메시지에 개성을 불어넣는 것도 좋은 전략이다.

RESULTS IN MAIL

L   Loot Crate   Oct 13
     Rock the coolest fanny pack around
     🐱 fanny pack 🐱 fanny pack 🐱 f...   Inbox   ☆

L   Loot Crate   Sep 13
     Adventure is out there!
     🐱🐱🐱🐱🐱🐱🐱🐱🐱🐱🐱🐱...   Inbox   ☆

L   Loot Crate   Jun 28
     Open this email if you like 1) 🎮 2) Pop C...
     🐱 Ok yeah, I like those things... L...   Inbox   ☆

M 메시지 레이아웃의 구성

　메시지의 구성은 이메일이 정기적인 뉴스레터인지, 에세이인지, 혹은 단순한 감사의 글인지 등에 따라서 들어갈 요소들이 달라질 수 있다. 그러나, 가장 보편적인 뉴스레터를 중심으로 이메일 본문의 양식을 살펴보면 멀티모드(multi-mode) 보기 링크, 메일 제목, 인사말, 이미지, 본문, 맺음말, CTA 및 링크, 네임카드, 수신거부 버튼 등으로 레이아웃이 구성된다.

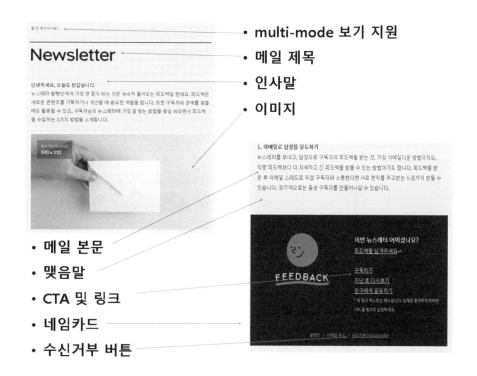

- multi-mode 보기 지원
- 메일 제목
- 인사말
- 이미지
- 메일 본문
- 맺음말
- CTA 및 링크
- 네임카드
- 수신거부 버튼

　주요한 구성 요소 중 멀티모드(multi-mode) 보기 기능은 메시지가 특정한 이메일 클라이언트나 특정한 단말 유형에 따라 잘 보이지 않을 경우에 사용한다. 보통 텍스트 기반의 이메일에서는 해상도나 기기 종류에 따른 문제가 발생하지 않으나 HTML 기반으로 제작된 메시지의 사진이나 글자 등이 제대로 보이지 않을 수 있다. 해당 링크를 클릭 시 일반적인 웹 브라우저에서 표준 포맷으로 확인할 수 있도록 해준다.

이메일도 좋은 문장의 형태를 제대로 갖추기 위하여 메일 제목, 인사말, 본문, 맺음말을 체계적으로 삽입하여야 한다. 추가적 사항으로 개인이나 기업의 정보, 연락처를 담은 네임 카드를 삽입하기도 한다. 이메일을 통하여 고객을 다음 여정으로 안내하고자 할 때는 해당 사이트로 연결이 가능한 링크나 링크가 포함된 CTA 버튼을 메일 본문에 삽입하여야 한다. 또한, 구독 해지를 희망하는 고객을 위하여 수신거부 버튼을 제공하는 것은 법률적 의무사항이다.

ⓜ 전환을 촉진하는 디자인

일단 매력적인 제목과 발신인 정보로 이메일의 열람까지 성공하였다면, 다음 단계는 이들이 이메일을 읽어보고 공감하여 발신자가 의도하는 행동, 즉 전환을 달성하는 것이다. 이메일을 읽고 공감하게 만드는 핵심적인 요인으로는 전환에 용이한 이메일 디자인, 설득적 글쓰기, 그리고 효과적인 CTA 버튼을 갖추는 것이다.

우선 시각적으로 차별화된 이메일 디자인은 높은 주목도나 전달성과 관련이 있다. 삼성전자가 이메일을 보낸다면 주된 색상의 톤은 어떤 색상이 되어야 하는가? 당연히 삼성 브랜드 로고의 칼라인 청색과 관련되어야 한다. 그린피스에서 친환경 캠페인 메일을 보낸다면 녹색의 사용이 증가하여야 한다. 이처럼 색상이나 이미지 등은 연결하고자 하는 웹사이트와 브랜드 간에 가급적 동일한 브랜드 정체성을 유지하도록 고려해야 한다. 브랜드 정체성을 이메일에 담기 위해서는 색상뿐만 아니라 기업이나 브랜드를 연상시킬 수 있는 로고 디자인, 캐릭터, 모델, 사진, 상품 등의 심리적 단서를 적절하게 배치함으로써, 자연스럽게 브랜드 경험을 하게 하고 전환으로 연결하여야 한다. 적합한 폰트의 선택도 중요하다. 좋은 폰트는 메시지의 가독성을 높여주고, 특정 단어를 강조할 수 있으며, 따스함이나 신뢰성 같은 우호적인 분위기나 전문적이라는 인상을 만들 수도 있다.

디자인은 단지 미적인 고려사항에 국한되지 않으며, 기술적 요소 간의 조화가 필요하다. 기술적 요소도 충분히 디자인 차원에 반영되어야 한다. 우선 이메일이 PC뿐만 아니라 스마트폰 등 모바일 기기 환경에서 어떻게 보일지 고민하여야 한다. 특히 2단이나 다단 편집 형태일 경우 모바일 기기화면 전체가 보이지 않거나 가리는 등의 가독성 문제가 발생될 수 있기 때문에 특별한 이유가 아니면 다단 편집을 사용하지 말아야 한다. 전체 응답자의 과반수 이상, 특히 2030세대의 대부분은 모바일에서 이메일을 활용한다. 시각적 이미지를 제공하는 사진이나 애니메이션은 조금 더 설득을 용이하게 도와주지만 속도에서는 불리하다. 이미지의 로딩 속도가 빠르고 깨끗한 멀티미디어 자료를 사용하여야 하며, 파일 사이즈가 지나치게 큰 고해상도 이미지 사용에는 주의가 필요하다.

📧 이메일 글쓰기

이메일은 텍스트로 이루어져 있지만 단순한 문서만은 아니다. 이메일은 문서이자 편지이며, 정보를 제공하는 동시에 감성적인 공감도 이끌어내야 한다. 기술 문서나 보고서와 달리 편히 다가갈 수 있고 설득력 있는 글쓰기가 중요하다. 이메일의 카피나 문구는 시간과 노력을 들여서 타인을 설득할 수 있도록 준비되어야 하며, 충분한 설득이 가능한지 여부는 발송 전 테스트를 통하여 사전에 검증할 필요가 있다. 스타트업 현직자들의 커뮤니티를 운영하는 커리어리(Careerly)는 감성적 글쓰기를 통하여 이메일 뉴스레터에 대한 거부감을 줄이려고 노력한다.

👑 **성공한 사람들의 특징** ☑

▾ **보낸사람** VIP 광종 from 커리어리 〈kwangjong@careerly.co.kr〉

career·ly

안녕하세요 이원준 님, 커리어리 팀의 광종이에요.

봄인가 했더니 어느새 초여름의 문턱이네요.

지난주 커리어리에는 **557개의 새로운 업계 소식**이 업로드 되었고 총 **4981개의 추천**을 받았어요! 이 중 가장 많은 분들에게 도움이 된 게시물들을 놓치지 마시라고 들고 와봤어요. 😆

또한, 커리어리 추천 게시물을 이제 앱에서 쌓아두고 볼 수 있게 되었어요! 📥 관련 내용은 아래에서 더 자세히 설명 드릴게요 :)

웹사이트가 불특정 다수의 방문자를 대상으로 다소 객관적이고 정보 제공에 치중한 글쓰기 스타일을 보이지만 이메일 글쓰기는 질적으로 이와 달라져야 한다. 특히 웹사이트 방문자의 다수는 기업의 웹주소를 이미 알고 있거나 검색 엔진으로 주소를 확인한 이후에 방문한다. 즉 웹사이트 방문자는 상당한 방문동기나 방문의지를 가지고 찾아오지만 이메일은 푸시 채널로 볼 마음이 없는 사람들에게까지 보내게 된다. 그렇기 때문에 이메일은 더욱 매력적 글쓰기가 필요하다.

상업적 이메일의 글쓰기에서 가장 중요한 것은 어떤 메시지를 전달할 것인가를 결정하는 것이다. 이메일은 훌륭한 도구이지만, 수신자들이 반드시 이메일 메시지를 열어본다고 확신할 수 없으며, 개봉한 이메일이 구매로 이어질 것이라고 자신하기도 어렵다. 메일 메시지는 가능한 한 최대로 간결하여야 한다. 수신자들을 메일을 한 자 한 자 꼼꼼히 읽어보기보다는 한눈에 대략적으로 살펴본다. 그러나 아무리 간결하게 작성할지라도 메시지에는 최소한 다음과 같은 내용이 포함되어 있어야 한다.

1) 메시지의 가치 제안

: 가치 제안(value proposition)은 소비자들에게 기업의 상품이나 서비스가 어떤 면에서 비용을 지불하고 이용할만한 가치가 있는가를 납득시키는 것이다. 성공적 가치 제안은 소비자가 가지고 있는 문제들을 충분히 해결할 능력이 있으며 그들이 가진 니즈(needs)를 다른 경쟁자보다 더 성공적으로 충족시켜 줄 수 있음을 보여주어야 한다. 이메일 메시지 역시 주목을 끌기 위해서는 짧은 내용 안에 충분한 가치 제안이 담겨야 한다. 쇼핑몰 사이트인 티몬은 이메일 제목과 발신자 정보에 허용된 제한된 공간에 고객이 수긍할 만한 가치 제안을 담기 위하여 노력하고 있다.

(광고) 밥 차리기 귀찮을 때? ▶맛있고 간편한 　　　 볶음밥 1,900원 ↻
▾ 보낸사람 [VIP] 　　 10분억택 < 　　　　　 >

(광고) 　　에서 미리만나 '봄' - 　　이 제안하는 라이프스타일 매거진 　　 ↻
▾ 보낸사람 [VIP] 　 < 　　　　　 >

(광고) 　　　 볶음밥 1+1+1+1+1 쟁여놓을 기회! ↻
▾ 보낸사람 VIP 　 단하루 < 　　　　　 >

2) 제안에 대한 증거

: 거의 모든 기업들이 자신의 가치 제안의 우수성을 강조하거나 더러는 과장하기도 한다. 고객의 불신을 피하기 위해서는 자사의 가치 제안이 충분히 믿을만한 근거가 있음을 보여주어야 한다. 이를 위하여 이메일 메시지 안에 제품과 서비스에 대한 진실한 정보를 제공하는

것은 기본이며 추가적으로 사용자의 경험담, 인증이나 수상 관련 정보, 제품의 사진이나 실험 결과 등을 제시하여야 한다.

3) 행동 유도 문구

: 행동 유도(CTA: call to action)는 이메일을 수신한 구독자들에게 특정한 행동을 특정한 방식으로 하도록 유도하는 것을 말한다. 단지 이메일을 읽고 난 뒤에 아무런 행동을 하지 않고 삭제한다면 아무런 성과를 거둘 수 없을 것이다. 반드시 이메일 메시지 내에 읽고 난 후에 수신자가 취할 수 있는 다음 행동의 단계를 행동유도 문구나 CTA 버튼 형태로 제시하여야 한다. 해외의 한 패션 브랜드는 구매 행동을 유도하기 위하여 이메일 메시지에 현금처럼 사용 가능한 현금 포인트 보유액을 제시하고 할인이 적용되는 기간을 명시하고 있으며 망설임 없이 바로 구매가 가능한 '지금 쇼핑하기' CTA 버튼을 포함하고 있다.

※ 위 이미지는 내용 설명을 위해 임의로 제작되었습니다.

추가적으로 메시지에 설득력을 더하기 위해서는 결론부터 메시지 도입부에 제시할 필요가 있다. 이메일 수신자는 가급적 빠른 정보 습득을 원하기 때문에 알리고자 하는 핵심 메시지가 처음부터 포함되어 있는 것이 유리하다. 지면 광고나 검색 광고가 담을 수 있는 정보량이 제한적이며 극심하게 축약된 정보만을 담을 수 있는 것과 다르게 이메일 메시지는 더 많은 정보를 여유롭게 담을 수 있는 그릇이다. 메시지 도입부에 결론을 제시하였다고 하더라도 이후 본문 부분에서 타 미디어와 달리 충분하게 정보를 제공하면 된다. 수신자가 원하는 자료, 데이터, 보고서, 멀티미디어 자료 등을 첨부로 보내는 것도 가능하다.

설득적 메시지 작성

만일 마케터가 마치 코미디 대본 작가처럼 유머와 문장력을 충분히 갖추고 있고, 구독자들 역시 긴 글도 충분히 읽어줄 만큼 인내심이 있다면, 길고 장황한 이메일 메시지도 괜찮을 것이다. 실제로 유료로 운영되는 이메일 기반의 스토리텔링이나 수필의 길이는 상당한 편이다. 그러나, 이는 예외적인 경우이다. 대부분의 이메일은 충분히 짧고, 간결하고, 단순하여야 한다. 메일 수신함을 스크롤하면서 긴 이메일을 읽어줄 착한 구독자는 상상 속에 존재할 뿐이다.

이메일의 첫 문장부터 구독자의 관심과 호기심을 끌 수 있어야 한다. 그래야 구독자들이 기꺼이 메시지를 천천히 읽어볼 마음이 생길 것이다. 구독자들이 이메일을 읽는 것이 자기 자신에게 필요하고 도움이 된다는 확신이 들지 않는다면, 아무리 중요한 발신자나 긴급한 내용의 이메일일지라도 다음에 읽겠다고 생각하거나 무시해버릴 수 있다. 상업적 이메일뿐만 아니라 직장 상사의 업무지시 이메일과 같이 분명한 발신자와 수신 동기가 있는 경우에도 그렇다. 간결하고 설득적인 이메일 메시지 작성 노력이 필요하다. 이를 위한 방법은 다음과 같다.

첫째, 내용적으로, 시각적으로도 단순하게 만들어라. 하나의 단락에는 최대한 3개 이하의 문장이 포함되도록 한다. 문장이 지나치게 많아지는 경우에는 적절하게 단락을 끊어서 단락 간 공백을 주거나 문장을 줄이도록 한다. 그리고 한 문장에는 여러 정보나 주장을 넣지 말고 하나씩만 넣도록 한다. 이는 문장 전체의 가독성을 높여주고 주장하는 바를 명확하게 해줄 것이다.

둘째, 추신(p.s)을 적절하게 사용하자. 이메일 말미에 '추신:'으로 한 번 더 요약하거나 강조할 수 있다. 추신을 통하여 구독자에게 이메일의 핵심적인 CTA 문구를 상기시키거나 다음에 올 이메일을 기다리거나 기대하게 만들 수 있다. 예로, 다음과 같은 정보는 구독자에게 유용하면서 호기심을 주는 정보이다. '추신: 한국에서 가장 많이 사용되는 이메일 마케팅 도구가 무엇인지 아십니까? 000라고 생각하신다면 이는 사실이 아닙니다. 다음 주 화요일 발송 메일에서는 국내에서 사용자가 가장 많은 마케팅

도구에 대한 정보와 사용기회를 제공해드리겠습니다.'

셋째, 이메일은 논문이나 보고서처럼 어렵고 전문적인 용어를 사용하지 마라. 마치 사무실 동료나 친구에게 이야기하듯 평범하고 손쉬운 구어체 표현을 주로 사용하여야 한다. 이는 좋은 소식이다. 이메일 글쓰기를 위하여 별도의 수업이나 온라인 클래스를 들을 필요가 없기 때문이다. 인기 있는 소설도 이제는 더 이상 문어체로 표현되지 않으며, 웹소설처럼 일상 대화체로 쓰인다. 늘 사용하던 말투에서 비속어나 사투리를 제거하고 사용하는 정도면 족하다. 어투가 보다 인간적일수록 메시지에 대한 거부감이 줄어들 것이다.

넷째, 이메일의 제목은 명확하고, 눈길을 끌 수 있으며, 실제 메시지의 전체 내용을 담아낼 수 있어야 한다. 이메일 제목이 한 줄의 짧은 문장 속에 담고 있는 내용은 주로 호기심을 자극하거나 특가 세일 등 특별 제안을 담고 있다. 혹은 메일 수신의 긴급성을 알리거나, 누구나 관심이 갈만한 개인적 스토리를 함축하여 담아내고 있다. 수백 단어로 이루어진 본문 메시지 내용을 한 줄로 요약할 수 있는 훈련이 필요하다. 아울러, 어떤 메시지가 더 매력적인지 판단하기 위하여 본 메일 발송 전에 타인의 의견, 특히 A/B 테스트를 통하여 수신자의 의견을 구하는 것을 일상화하여야 한다.

다섯째, 학술적, 업무적 글쓰기는 기승전결, 혹은 서론, 본론, 결론의 구조를 착실히 따른다. 상대방이 충분히 관심을 갖고 시간을 들여서 읽어줄 것임을 믿어 의심치 않기 때문에 체계적으로 정보를 전달하는 데 주력한다. 그러나, 이메일에는 그런 관심이나 주의가 주어지지 않는다. 결론까지 전달할 기회나 가능성이 희박하다면, 결론부터 서두에 제시하는 글쓰기를 생활화해야 한다. 핵심 메시지만 전달된다면, 부차적 이야기는 나중에 얼마든지 전할 기회가 있을 것이다.

ⓜ 효과적 CTA(call to action) 버튼 활용

이메일이 궁극적으로 달성하려는 전환 목표는 메시지를 읽는 것이 아니라 구매나 회원가입으로 연결되는 링크가 내재된 CTA 버튼을 누름으로써 달성되는 경우가 대부분이다. 이메일 내에서 전환 행동은 바로 일어나기보다는 홈페이지 등으로 이동한 이후에 이루어지는 것이 일반적이기 때문에 다음 단계의 고객 여정으로 연결해주고 행동을 유도하는 CTA 버튼의 중요성이 크다. 보통 '지금 전화하기', '다운로드 받기', '더 알아보기', '구매사이트로 이동', '친구 맺기', '가입하기', '체험하기' 등등의 다양한 형태의 유도 문구가 CTA 버튼의 카피 문구로 사용된다.

다만, 무조건 구매나 가입을 강제하기보다는 고객 여정 과정에서 자연스럽게 유추되는 다음 단계의 행동을 유도해주는 CTA 버튼이 필요하다. 지나치게 확대되거나 고객 여정의 단계를 몇 단계 건너뛰는 것은 공감이 아니라 거부감을 부를 수 있다. 예로, 연간 회원비가 300만원이 넘은 온라인 교육 패키지 가입을 이메일로 권유한다고 하자. 단지 한 통의 이메일로 바로 결제로 이어지게 할 수 있을까? '지금 구매'처럼 결제로 연결되는 CTA 버튼을 달 지라도 상품에 대한 확신이 없는 상태에서 구매는 일어나지 않으며, 단지 메일에 대한 거부감만 늘 뿐이다. 이 경우의 문제는 너무 많은 필요 단계를 생략하고 건너뛰었다. 이때 적절한 CTA 버튼은 '교육 프로그램 더 알아보기', '안내 사이트 방문하기', 혹은 '수강생 소감 보기' 정도가 더 적합할 수 있다.

버튼의 위치나 이미지, 색상 등 UI 디자인적 구성과 요소들이 배치되는 위치도 영향을 미친다. 본문 메시지의 레이아웃 상에서 CTA 버튼을 배치할 수 있는 최적의 장소는 어디일까? 메일의 상단일까 하단일지, 아니면 중단일지 대한 고민이 필요하다. 대다수의 이메일 마케팅 전문가는 이메일 중단에 배치하는 CTA 버튼이 비교적 더 나은 성과를 보여준다고 주장한다. 그 이유는 상단에 배치한 CTA 버튼은 메일을 읽기 전이므로 충분한 정보가 확인되지 않은 상황에서 동의하기 어렵고, 하단에 배치한 경우에는 이용자가 메시지를 끝까지 읽을 가능성이 적기 때문이다. 버튼의 숫자 역시 고려하여야 한다. 너무 많은 수의 CTA 버튼을 삽입하는 것은 소비자에게 혼란을 준다. 적절하게 정리된 CTA 버튼으로 주목을 끌려는 노력이 필요하다. 다만 해당 버튼이 수신자가 관심을 보일만한 중요한 이벤트와 관련이 있다면 개수와 무관하게 주목을 받을 것이다. 버튼의 크기도 고려하여야 한다. 건물이나 옥상에 설치된 옥외광고판이 성공하기 위한 조건들이 있다. 충분히 큰 사이즈의 글씨, 두드러진 이미지, 광고판의 크기 등이다. CTA 버튼도 동일하다. 가급적 인지하기 쉬운 크고 볼드체의 글씨를 사용하라. 단순 링크보다는 버튼 이미지 형태가 더 선호된다. 수신자의 의사결정을 촉진시키는 디자인 요소를 개발하는 것이 필요하다. 전체적인 이메일의 디자인 조화를 깨지 않는 선에서 가급적 크게 버튼을 만들어라. 또한 버튼의 색상을 바꿔서 두드러져 보이게 만드는 것도 중요한 한 부분이다.

아울러 버튼에 어떤 카피 문구를 사용할지 고민해야 한다. 구매를 위한 CTA 버튼에 너무 정직하게 '구매하기'라고 카피를 다는 것은 흥미를 유발하지 못할 뿐만 아니라 식상하다. 관심 유발을 위하여 CTA에 적합한 한두 개 단어로 구성된 강력한 버튼용 카피 개발이 필요하다. 구매하기 버튼보다는 '쇼핑천국 입장'이 더 매력적으로 차별화될 수 있다. 그리고 웹 코딩 상의 사소한 실수가 발행하지 않도록 주의하여야만 한다. 의외로 CTA 버튼의 링크가 깨지거나 제대로 작동하지 않는 경우가 실전에서 빈번하게 발생한다. 사전에 CTA 버튼 테스트를 거쳐서 링크의 적절성, 그리고 랜딩 페이지의 품질도 동시에 점검해볼 필요가 있다. 만일 CTA 버튼에 UTM 링크를 달아서 A/B 테스트를 하거나 클릭률 등 성과를 추적하고 있다면 이들 UTM의 작동 여부도 구글 애널리틱스의 실시간 보고서 등을 통하여 사전에 확인하여야 한다.

소셜 콘텐츠와 이메일의 통합

CTA 버튼과 별도로 기업이나 브랜드가 운영하는 페이스북, 유튜브, 인스타그램의 소셜 미디어를 메시지 내에서 손쉽게 방문이 가능하도록 연결 장치를 삽입하여야 한다. 이메일 리스트에 가입시키는 것보다 소셜 미디어 친구 목록에 포함시키는 것이 장기적으로 더 편리하고 강력하다. 또한 다양한 형태로 콘텐츠를 소비하고 싶은 소비자의 욕구를 충족하면서도 기업이 제공하는 다양한 콘텐츠 소스의 접근을 보장한다는 이점이 있다. 소셜 미디어는 친구맺기라는 사적인 행위의 성격을 내포하고 있기 때문에 기업이 발송하는 이메일보다 더 친근감이 높다. 미래에 발전 가능성이 더 큰 미디어이기 때문에 고객 자산을 소셜 미디어에 구축하는 것 역시 간과할 수 없는 과정이다. 이를 위하여 메시지 내에 소셜 미디어 공유하기 버튼이나 구독 CTA 버튼, 블로그를 여러 사이트에 노출시켜 주는 RSS 피드(really simple syndication feed) 링크를 제공할 수 있다.

✉ 이메일 제목의 카피라이팅

카피라이팅은 짧은 시간에 강렬한 인상을 남겨야 하는 매스미디어 광고 매체에서 전달 효과성의 성패를 결정짓는 중요한 요인이었다. 이메일 역시 커뮤니케이션 미디어로서 카피라이팅의 중요성이 크다. 이메일의 제목이나 머리글을 어떤 문구로 작성하여 이용자의 주목을 받을 것인가? 카피는 고객의 주목을 끌어야 하는 광고 문구에서 시작된 개념이지만, 이메일 역시 주목을 받지 못하면 읽히지 않고 사장된다는 점에서 광고 카피와 동일한 운명이다.

최고의 카피라이터로 칭송받는 광고인 데이비드 오길비(David Ogilvy)는 "잘 팔리는 헤드라인을 만들고 싶으면 공부하라"고 말했다. 우리가 보통 뛰어난 광고 카피는 창의력을 타고난 광고 천재의 영역이라고 생각하는 것이 잘못된 것임을 말한다. 오길비가 주장하는 카피를 잘 쓰는 방법은 다음과 같다. 첫째, 누군가를 설득하려면 그들이 사용하는 쉬운 단어를 써야 한다. 불필요한 형용사, 전문 용어, 꾸밈을 위한 문장은 쓰지 않는다. 둘째, 카피를 읽을 고객을 연구해야 한다. 고객이 어떤 생각을 하고 무엇이 필요한지 이해하고 이를 카피에 담아야 한다. 셋째, 한 줄에 불과한 헤드라인이 전체 문장의 80% 중요성을 차지한다. 한 줄로 설득할 수 없다면 어떤 긴 글로도 설득할 수 없을 것이다. 넷째, 요점을 명확하게 작성하여야 한다. 기본적으로 광고나 이메일은 고객이 피하고 싶은 존재이다. 요점이 명확해야 그나마 읽힌다. 다섯째, 왜 사야 하는지 고객의 문제를 설명하고, 이를 해결할 수 있는 솔루션을 카피와 본문에 담아야 한다.

이런 오길비의 카피라이팅에 대한 조언을 구체화하기 위하여 전통적인 카피에서는 설득의 방법으로 여러 가지 형태로 변형된 작성법을 제안하고 있다. 주로, 뉴스형, 편익형, 질문형, 경고형, 명령형 카피 문구를 사용한다.

1) 뉴스형 카피

: 뉴스의 타이틀처럼 간결하고 팩트 정보 위주로 작성한다. 뉴스의 신뢰성을 빌릴 수 있다.

2) 편익제공형 카피

: 고객이 기대할 수 있는 감성적, 이성적 혜택을 축약하여 제시한다. 고객의 채워지지 못한 니즈를 직격한다.

3) 질문형 카피

: 구독자에게 질문을 던짐으로써, 다시 한 번 생각해보게 만든다. 스스로 생각하는 과정에서 기억에 보다 쉽게 남도록 하는 것이 목적이다.

4) 경고형 카피

: 주의하지 않으면 발생할 수 있는 불행한 결과를 강조하여 주목 받는다. 다만 구독자에 따라서는 거부감을 느낄 수 있으며, 예상되는 부정적 결과를 고려해야 한다.

5) 명령형 카피

: 구독자가 스스로 판단하지 않고 단순히 복종하도록 명령문 형태를 사용한다. 이는 특히 저관여 상품, 저가의 상품, 습관적 구매 상황에 유용하다.

넷플릭스는 기존 구독자에게 새로운 작품을 소개하고, 해지를 방어하기 위한 수단으로 다양한 카피의 유형들을 골고루 사용하고 있다. 이는 또한 자주 발송하는 메일에 대한 흥미를 유지시키는 역할도 보조하고 있다.

- 뉴스형
  정은숭 님 《네버 해브 아이 에버》 의 시즌 2 업데이트 알림입니다.
  《승리호》 절찬 스트리밍 중!
- 편익형
  정은숭 님의 취향에 맞는 영화 등록 알림
  정은숭 님께 추천하는 인기 콘텐츠
- 질문형 《결혼작사 이혼작곡》, 즐기고 계신가요?
  정은숭 님이 계신 지역의 인기 콘텐츠를 확인해 볼까요?
- 경고형
  《러브 데스 + 로봇》 잊지 말고 끝까지 시청하세요!
- 명령형 《리플리》 잊지 말고 끝까지 시청하세요!

M 메시지 소구의 방향

이메일의 문구와 내용을 결정할 때, 우선적으로 어떤 방식으로 설득할지 소구 (appeal)의 방식을 결정하여야 한다. 설득 방식에는 정보를 제공하고 합리적 판단을 이끌어내는 이성적 소구방식, 그리고 희로애락 같은 정서적 변화를 통하여 설득을 이끌어내는 감성적 소구방식으로 크게 나누어진다. 어떤 소구가 적합할지는 일률적으로 정해진 법칙은 없다. 다만, 관여도가 낮거나 제품의 가격이 낮지만 소비자가 친숙한 제품은 감성적 소구를, 반대로 관여도가 높거나 제품의 가격이 높고 소비자의 제품 지식이 적은 경우에는 이성적 소구를 많이 선택한다. 이메일 메시지가 전달하고자 하는 상품이나 서비스 특성을 고려하여 소구 방식을 선택하여야 한다.

우선 이성적 소구방식에는 제품의 특장점을 직접 설명하는 정보제공, 아니면 비교나 사용자의 증언과 같은 직접적 표현방식들이 주로 사용된다.

1) 정보 제공

: 객관적인 정보를 담아서 구독자가 혜택이나 가치를 쉽게 판단하고 결정할 수 있도록 한다.

2) 비교

: 경쟁사나 경쟁제품과의 사양, 가격, 특성을 비교하는 방식을 통하여 본 제안의 우수성을 피력한다.

3) 이용자 증언

: 사회적 증거의 원칙을 극대화하기 위하여 실제 사용자나 구매자의 경험담을 활용한다. 통계분석 소프트웨어를 판매하는 스마트PLS(SmartPLS)는 자사의 소프트웨어를 이용하여 출간된 논문 목록을 이메일로 발송함으로써, 자사 소프트웨어의 우수성을 홍보하고 있다.

반대로 감성적 소구에서는 우선 메일 발신자와 수신자 간에 공감할 수 있는 방법을 찾아서 마음과 마음을 연결하고, 전환이나 고객 행동 변화는 그 다음 이후의 단계로 생각한다. 이메일을 통하여 따뜻한 느낌을 전달하거나 유머와 재미를 주는 경우도 있다. 혹은 브랜드를 구매하지 않거나, 웹사이트를 방문하지 않았을 경우에 발생할지도 모르는 부정적 결과를 제시하는 공포 기법이 쓰이기도 하며, 영화나 도서, 유명한 사건들을 패러디하기도 한다. 한국에서는 다소 금기시된 성적 소구나 과장된 표현 등도 감성 소구의 한 방법으로 활용된다. 사람 사이의 온정과 인간적 정서를 자극하기도 한다.

1) 온정 소구

: 인간이 가진 희로애락의 정서 중에서 따스한 정이나 부드러운 분위기 등에 소구하는 기법이다. 구독정보 서비스 기업인 퍼블리(Publy)는 독자가 궁금해 할만한 정보를 인간적 정서를 담아 효과적으로 전달했다. 이메일 메시지로 '퍼블리 에디터 ○○○입니다. 취준하면서 '이런 건 인터넷에 찾아봐도 안 나오고, 어디 물어볼 데도 없네…'라고 생각한 순간이 있으신가요? 찐 질문에 대한 찐 대답을 들려 드리겠습니다.'라는 문구를 사용했다. 발신자인 에디터가 본명으로 접근하고, 친근한 사진을 사용하고, 글이나 단어도 타겟 고객인 2030세대가 이해할 수 있는 그들만의 언어로 접근한다. 문제 제기도 친숙한 구어체로 사용하여 보다 친숙하게 접근하도록 유도했다. 또한, 해외의 한 항공사는 CEO의 친필을 이메일 끝에 삽입하

여 고객에 대한 애정을 보다 직접적으로 전달할 수 있는 형태로 구현해냈다. 다 같이 느끼는 코로나의 어려움을 공감하면서, 미래에 대한 희망을 이야기한 것이다. 대표의 싸인이나 사진에서도 진정성이 느껴지며 온정을 느낄 수 있는 감성적 소구가 이루어졌다.

2) 유머와 재미

: 웃음이나 즐거운 감정을 느낄 수 있는 단서를 메시지에 포함한다. 긍정적인 감정은 전파력이 높기 때문에, 메시지에서 느낀 호의가 브랜드나 기업에도 전이되기를 기대한다.

3) 공포 소구

: 걱정이나 우려를 제시하여 구독자를 불안하게 만들고, 문제 해결의 솔루션이 담긴 메시지에 주목하게 만든다. 다만 지나치게 공포의 수준이 높은 경우 메시지를 완전히 차단하는 경우도 있기 때문에 공포의 적정 수준을 유지하는 것이 필요하다.

4) 패러디

: 이미 대중적으로 잘 알려진 영화, 소설, 만화, 광고 등의 미디어 콘텐츠를 연상시키는 콘텐츠를 작성한다. 구독자들이 이미 잘 알고 있는 소재이기 때문에 의도하는 바를 손쉽게 전달할 수 있다. 특히 최근에 특정 세대 간에 유행하는 밈(meme) 문화를 활용한 패러디 메시지는 침투력이 좋다. 다만, 유행의 기간이 갈수록 짧아짐에 따라 패러디 메시지의 효과도 오래가지 못할 수 있다.

5) 기타 소구

: 성적 소구, 지나친 과정의 활용기법, 미장센 등 다양한 방법이 존재한다. 성적 소구는 한국적 정서에서 거부감이 적지 않고 사회적 이슈가 될 수 있으므로 가급적 피하는 것이 좋다.

✉ 발송 전 최적화 점검

수신자를 선택하였고, 적합한 메시지까지 준비되었으면, 이제 발송이 남았다. 그러나 발송 이전에 한 번 더 최적화(optimization) 점검이 필요하다.

첫째, 우선 카피나 이메일 문구에 오탈자나 문법적 오류가 없는지 혹은 문장이 적절한지 재검토해야 한다. 이런 초보적 실수는 소비자에 대한 배려 부족으로 여겨지며, 기업의 전문성 이미지에도 손상을 입힌다.

둘째, 타 사이트로 연결해주는 하이퍼링크가 적절한 장소 배치되어 있고, 실제로 작동하고 있는지 확인해야 한다. 이메일 링크 클릭 시 연결할 수 없다는 '404 에러' 메시지가 나타나는 실수가 드물지 않기 때문이다.

셋째, 발신 메시지가 모바일 환경에서 어떻게 보이게 되는지 확인하자. 대부분의 이메일은 PC가 아니라 스마트폰에서 열리며, 통계 조사에 의하면 전체 메일 중 53%가 스마트폰에서 열린다. 만일 타겟층이 2030이라면 그 비율은 손쉽게 그 이상을 상회할 것이다. 따라서 PC와 모바일 환경 모두에서 최적화되도록 유의하여야 한다. 이를 위해서는 이미지나 첨부 파일의 크기, 다단 편집 여부, 해상도 등을 발송 전 확인도 필요하지만 평소부터 모바일의 제한된 화면 사이즈를 고려하여 간결한 이메일 글쓰기가 습관화될 필요성이 있다.

넷째, 메시지의 구성 요소 중 논란의 소지가 있는 부분은 없는지 확인하여야 한다. 단지 재미를 유발하려는 목적일지라도 사용하는 이미지가 남녀 간 차별이나 정치적 이슈 등 민감한 주제를 연상시킬 수 있는 것은 바람직하지 않으므로 사전에 이미지의 내용과 의미를 점검해야 한다. 또한 이미지나 폰트의 저작권 문제를 고려하여야 한다. 사용되는 모든 이미지는 직접 소유권을 확보하였거나 혹은 무료 사용이 확인된 사이트에서 구하여야 한다.

◪ 발송 스케줄의 결정

메시지의 점검 이후에는 언제 어떤 빈도로 이메일을 보내는 것이 좋을지의 숙제가 남는다. 이메일은 페이스북이나 인스타그램에서 콘텐츠가 노출되는 방식과 유사하게 일정한 시간이 지나면 새로운 이메일에 묻혀 과거 이메일은 보이지 않는다. 하루 몇 통 정도의 이메일을 받는다면 큰 문제가 아닐 수 있지만, 하루에도 수십, 수백 통의 이메일을 받는 경우가 대부분이며 시간에 묻힌 이메일은 다시 열리기 어렵다. 이메일은 후입선출(Last In First Out) 방식으로 오픈되는 성질이 있다. 단지 하루만 지나도 이메일의 개봉률은 24%에서 1% 미만으로 극적으로 줄어든다. 따라서 이메일 수신자가 열람할 수 있는 최적의 시간을 고려하여서 발송하는 노력이 필요하다.

적절한 발송시간은 수신자가 개인인지 혹은 직장인, 자영업자인지 등 직업 특성에 따라서도 달라진다. 특히 기업 직장인을 대상으로 하는 이메일의 경우 주말에는 발송하지 않는 것이 원칙이다. 개인 역시 공통적으로 주말 발송은 피하는 것이 좋지만 예외적으로 토요일 등에 보내는 것이 효과적일 수도 있다. 발송 스케줄을 결정하기 위해서는 알리고자 하는 상품이나 서비스의 구매 패턴을 먼저 이해하여야 한다. 취미나 일상적 소비처럼 개인적 구매의사결정이 이루어지는 상품들도 있지만, 가족이 같이 고민해서 구입하는 제품들도 있다. 예로 가전제품이나 고가의 내구재 등이다. 가족이 같이 이야기할만한 시간이라면 토요일에 메일을 받아보는 것도 나쁘지만은 않을 것이다. 이를 위해 품목별로 고객들이 가장 이메일을 많이 확인하는 시간에 대한 정보 획득이 중요하다. 최적의 발송 요일과 시간대를 확인하기 위해서는 실제 메일이 수신되어 개봉되는 데이터를 찾아볼 것을 추천한다. 메일 발송의 성과를 보여주는 이메일 발송 플랫폼의 대시보드를 찾아볼 수도 있지만, CTA 버튼이나 링크를 구글 애널리틱스 등의 분석 도구와 연결해 놓으면 더 상세한 추적이 가능하다.

발송 스케줄을 결정하는 데 참조 자료로 이메일 마케팅 관련 트렌드 리포트를 활용할 수 있다. 스티비(Stibee)의 이메일 마케팅 리포트나 미국의 디지털부스트 보고서에서 일반적인 권고사항을 제안하고 있다. 우선 B2B 기업고객 대상으로는 한 주중 일과가 시작하는 월요일과 수요일 사이에 보내는 것이 효과적이며, 출근한 이후에 가장 먼저 이메일 점검과 더불어 하루 업무를 시작하는 오전 10시에서 12시 사이, 그리고 점심 이후 복귀시간인 1시에서 2시 사이에 발송하는 것이 가장 효과적이다. 반면 일반 소비자들은 퇴근 후 개인적 업무를 처리할 수 있는 저녁 시간에 발송하는 것이 효과적이며, 판매하는 제품 특성에 따라서는 토요일 발송도 고려할 수 있다. 월별 기준으로는 급여일처럼 소비 능력이 높아지는 시기 전후에 발송하는 것이 구매 촉진 등 전환에 보다 효과적일 수 있다.

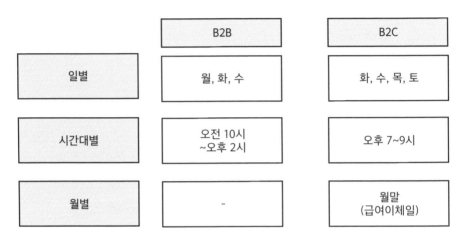

	B2B	B2C
일별	월, 화, 수	화, 수, 목, 토
시간대별	오전 10시 ~오후 2시	오후 7~9시
월별	-	월말 (급여이체일)

그러나, 모든 업종과 기업에게 다 적용될 수 있는 만능의 발송시간은 존재하지 않는다. 가급적 테스트를 통하여 자신에게 적합한 발송시간을 직접 찾아내는 노력이 필요하다. 실제로 일부 기업은 일반적으로 이메일 오픈이 원활하지 않다고 평가되는 평일 오후 3시에서 4시 사이에 일부러 발송하기도 한다. 이 시간대에는 이메일 수신량이 적어서 오히려 돋보이기 쉽기 때문이다.

ⓜ 적절한 발송 빈도와 메시지의 결정

전환 목표를 달성하기 위하여, 혹은 목표 달성 이후의 관계 관리를 위하여 얼마나 빈번하게 몇 번의 이메일을 발송해야 하는지를 결정하기 위해서는 균형 감각이 필요하다. 너무 잦은 이메일을 고객들을 질리게 하고 스팸 메일로 영구 배제될 수도 있다. 반면에 너무 낮은 빈도의 발송은 고객의 관심 밖으로 밀려나게 한다. 얼마나 많은 이메일의 발송이 허용될지 여부는 발송자인 기업의 의도가 아니라 이메일을 통하여 정보획득 등 혜택을 추구하는 고객 니즈에 달린 문제이다. 그리고 고객 니즈는 기업의 상품이나 서비스와도 밀접한 관계를 갖는다. 예로, 크리스마스 여러 자녀들의 선물을 고민 중인 고객들에게 다양한 선물과 할인혜택을 제공하는 추천 메일은 각기 다른 내용으로 하루에 여러 통을 보내도 용납될 수 있다. 반면에 아파트 구입 자금이나 신차 구매 등 몇 년 혹은 십년에 한 번 정도 구매가 일어나는 상품의 경우에는 한 달에 한번 정도도 너무 빈번한 메일 발송일 수 있다. 수신자인 고객이 얼마나 많은 이메일에 대하여 인내심을 갖고 열어볼 것인가는 크게 고객의 구매 사이클, 고객이 요구하는 정보량과 메시지의 내용 등의 조건에 달려 있다.

1) 고객 구매 사이클

고객이 용납할 수 있는 이메일 발송 횟수에 가장 큰 영향을 미치는 것은 특정 상품이나 서비스에 대한 고객의 구매주기이다. 고객이 얼마나 빈번하게 동일한 품목을 반복적으로 구매하는지를 파악하여야 한다. 만일 잠재고객이 생수, 계란처럼 누구나 일상적으로 소비하는 상품을 주 1회 정도 반복적으로 구매한다면 구매 고려 시점에 맞추어 주 1~2회 정도 자동화된 메일 발송을 고려하는 것은 타당한 결정일 것이다.

그러나, 생필품과 달리 구매주기가 현저히 다른 제품들이 있다. 만일 계절별 1회, 혹은 수년 혹은 평생에 한두 번 정도로만 구매가 이루어진다면 주 1회 발송은 견딜 수 없는 스팸에 불과하다. 보통 평생에 한번 구매하는 신혼여행 패키지를 판매한다고 가정하자. 신혼여행 패키지 판매를 위해서는 우선 결혼 적령기의 남녀 중에서 최근 결혼 박람회에 다녀왔거나, 결혼 중매 서비스 등에 가입한 회원에 대한 정보를 먼저 취득하여야 한다. 다음 단계로 이들이 지속적으로 관심을 가질만한 결혼이니 집 꾸미기 등의 내용을 담은 블로그나 커뮤니티 사이트를 만들고 나서 회원으로 초대하여 가입을 시키는 등의 노력이 필요하다. 이후 이들을 대상으로 계절이 바뀌는 분기별 1회 정도 리마인드 메일이나 새로운 정보 알림 메일을 보내는 정도로도 충분할 것이다. 결국 메일 발송의 시기와 횟수에 대한 의사결정은 고객의 이용행동에 대한 데이터를 먼저 수집하고, 그들의 전환 행동에 대한 시나리오를 가설로 수립하여 A/B 테스트 등을 통하여 검증한 이후에 적용해야하는 문제이다.

2) 요구 정보의 양

메일 메시지는 가능한 한 최대한 간소하게 원하는 정보를 전달하는 것이 최선이다. 그러나 소비자가 특정 상품이나 서비스를 구입할 때 필요한 정보나 들이는 노력의 양은 품목마다, 구매 시점 마다, 그리고 구매 상황마다 각기 다르다. 어떤 구매 결정은 별다른 추가정보를 얻거나 고민 없이도 쉽게 결정되지만, 어떤 결정은 많은 이들의 조언을 구하고, 직접 인터넷에서 다양한 정보를 얻은 후에도 쉽게 이루어지지 않는다. 마케팅에서는 이를 관여도 (involvement)라고 표현한다. 관여도란 소비자가 특정한 상품이나 서비스에 대하여 갖는 중요성에 대한 지각 정도 혹은 관심의 정도를 의미한다. 관여도가 높고 낮음의 정도에 따라 고관여 혹은 저관여라고 부른다.

일반적으로 저관여의 구매행동은 소비자가 재화나 서비스에 대하여 관심이 적고 개인이 느끼는 중요성도 떨어져서 구매 전 정보탐색과정이 짧거나 관심이 낮다. 생수나 비누 등 생활용품을 구입할 때처럼, 일반적으로 가격대가 낮거나 습관적으로 소비하는 상품일수록 저관여 구매행동을 보이며, 이때에는 적극적인 정보탐색이나 경쟁 브랜드별 비교 평가 없이 최소한의 정보와 최소한의 노력만으로 구매 결정을 내린다. 저관여 상품일 경우에는 경쟁 브랜드로의 이탈도 비교적 쉽게 일어난다. 예를 들어 신상품이 출시되거나 새로운 프로모션이 진행되었을 경우 소비자는 새롭다는 느낌만으로 구매를 하거나 이메일 내용을 열어볼 수도 있다.

반면 고관여 상품은 소비자가 구매 전 많은 시간과 노력을 기울여 정보탐색을 적극적으로 수행한다. 상품의 가격이 비교적 고가이면서 구매빈도가 낮을수록, 경쟁사들 간에 상품의 특성이나 장단점이 뚜렷할수록 고관여 행동이 나타나게 된다. 부동산, 자동차, 고가의 전자제품의 구매에서 보이는 태도이다. 예외적인 경우로는 가격이 저렴하거나 장단점이 뚜렷하지 않은 경우에도 개인의 강력한 기호나 흥미, 구매 상황에 따라서 고관여가 나타날 수도 있다. 개인의 취미 상품이나 누군가를 위한 선물을 고를 때는 일시적으로 관여도가 증가하기도 한다. 고관여 상품에 대해서는 신중한 의사결정 과정을 거치게 되므로 이메일에는 충분한 내용과 정보를 담아 전달하여야 한다.

따라서 얼마나 많은 정보를 한편의 이메일에 담을 것인가를 결정하기 위해서는 수신자의 관여도 상태를 예측하여야 한다. 고관여 상황일 때는 수신자가 정보를 받아들일 준비가 되어 있으므로 충분한 정보를 담은 이메일을 보낼 수 있다. 그러나 이 경우도 너무 많은 정보를 한번에 보내어 수신자를 질리게 하기 보다는 일련의 연속적 이메일 형태로 시간차를 두고 나누어서 보내는 것이 더 효율적이다. 반면에 저관여 상태일 경우에는 호기심을 자극하거나 핵심적인 가치 한두 가지에 집중하는 메시지가 더 효과적일 것이다. 그러나, 저관여 상품이라도 크리스마스나 졸업 시즌처럼 일시적 고관여가 예상되는 상황에서는 고관여에 적합한 메시지 전략으로 수정이 필요할 것이다.

3) 발송 메시지의 유사성

항상 새로운 메일이 도착할 때마다 수신자는 새로운 내용을 기대하고 메일을 열어본다. 만일 메시지 내용에 새로운 내용이 전혀 없이 메일이 반복적으로 발송된다면 이는 읽어볼 가치가 없을 것이다. 따라서 기본적으로 동일한 내용을 담고 있다면 자주 발송할 필요는 없으며, 잊었던 내용을 상기할 수 있는 리마인더 형태로 간헐적으로 발송하는 것이 타당하다. 그럼에도 불구하고 더 잦은 메일 발송을 통하여 고객의 마인드 점유를 높이고 싶다면, 메일의 테마, 레이아웃, 사진 등 기타 디자인적 요소는 변화를 주어야 하며, 본질적인 메시지의 핵심은 유지하더라도 카피나 문구, 혹은 CTA 버튼 형태 등의 변화로 익숙한 느낌을 덜어내야 한다.

4) 적절한 CTA의 요구

CTA 버튼은 메일 수신자에게 기업이 원하는 구체적인 전환 행동을 달성하기 위하여 중요한 장치이다. 그러나 현실은 전환 요구에 대한 반응은 그다지 열정적이지 않다. 대부분의 이메일 수신자들은 간신히 제목이나 메시지를 눈여겨 보고나서 메일을 닫거나, 아예 CTA 버튼은 눈여겨보지 않을지도 모른다. 특히 너무 많은 CTA 버튼을 메시지 곳곳에 배치하여 놓거나 매번 메일마다 요구한다면 거북해할지도 모른다. CTA 버튼을 활용한 전환행동 요청은 균

형감 있게 진행되어야 한다. 너무 빈도가 많아서 수신자들이 지쳐도 안 되고 너무 빈도가 작아서 눈치 채지 못해도 안 될 것이다.

보다 효과적인 전환 행동을 촉진하기 위하여 전환을 촉구하는 별도의 디자인 템플릿을 메일 메시지에 적용할 필요가 있다. 예로 시즌별 특별 할인이나, 특별 회원 이벤트 등을 진행할 때는 평소의 메시지 템플릿이 가진 브랜드 정체성이나 브랜드 칼라는 유지하되, 말풍선, 캐릭터, 강조 색 등 이색적 디자인 요소를 활용한 CTA 버튼을 배치하는 것이 효과적이다. 또한 CTA 버튼을 삽입하여야 할 때와 그렇지 않아도 될 때를 고객 정보 분석을 판단으로 결정하여야 한다. 예로 공기청정기와 필터 등 관련 제품을 판매하는 쇼핑몰은 고객의 구매 데이터를 계산하여 필터 교환 시기를 예측할 수 있다. 생수 등 신선식품을 배달하는 쇼핑몰의 경우에는 고객의 구매 히스토리 데이터를 기반으로 다음 구매주기를 어렵지 않게 예측할 수 있다. 무분별하게 재구매 CTA 버튼을 삽입하기 보다는 정보를 기반으로 하여 전환을 촉진하는 것이 더욱 주목도가 높으며, 성공가능성이 높은 구매를 기대할 수 있을 것이다.

PART 04

이메일 마케팅 자동화
: Stibee 기본편

INDEX.

e

✉ 스티비와 메일침프

국내에서 자동화된 이메일 마케팅 솔루션을 고려할 때 보통 메일침프(mailchimp)와 스티비(Stibee) 중 하나를 선택하게 된다. 우선 메일침프는 세계 제1의 이메일 마케팅 서비스이며, 단순히 이메일 마케팅 플랫폼이라 말하기 어려울 정도로 다양한 기능들을 제공하고 있다. 무료 요금제에서 월 $299의 프리미엄 요금제까지 포함하여 다양한 요금제를 제공하고 있으며, 무료 요금제를 선택한 경우에도 고객의 이메일 주소를 최대 2,000개까지 데이터베이스에 등록 가능하다. 또한, 메일 발송뿐만 아니라 템플릿 제공, 웹사이트 구축 지원, 랜딩 페이지 제작 지원 등을 이용할 수 있다. 유료 요금제로 가입한 경우에는 맞춤 브랜딩, 고객 여정(퍼널) 구축, A/B 테스트, 다변량 테스트 등 더 강력한 기능들을 추가로 이용 가능하다.

반면에 스티비(Stibee)는 국내 환경에 보다 친화적인 서비스이다. 무료인 스타터 요금제를 선택할 경우 고객의 이메일 주소는 500명까지 등록이 가능하며, 반응형 템플릿 사용, 구독 폼, A/B 테스트 등을 이용할 수 있다. 단순히 무료 요금제에서 등록 가능한 고객 숫자만을 보면 메일침프보다 작지만, A/B 테스트, 구독 폼 등 추가적 기능을 무료 요금제에서도 지원한다. 또한 메일침프에 비하여 비교적 유료 요금도 저렴하며, 보다 한국적 정서에 맞는 그래픽과 이미지를 사용한 템플릿 활용, 한국어로 구성된 메뉴와 기술 지원 등의 장점도 존재한다. 현재 두 서비스는 어떤 서비스를 선택하여도 사실상 기능상의 큰 차이를 보이지 않으며 비슷한 업무환경을 제공한다. 다만, 메일침프는 글로벌 표준의 안정성, 랜딩 페이지 제작 등 보다 풍성한 마케팅 지원 도구가 장점이며, 스티비는 보다 높은 직관적 UI, 한국어 지원의 편리성이 장점이다. 두 가지 서비스 중에 기업에 적합한 것을 선택할 수 있다. 본 도서에서는 최근 사용 기업의 수가 증가하고 있는 한국형 이메일 마케팅 솔루션인 스티비를 중심으로 설명한다. 다만 스티비에 익숙하다면 메일침프를 사용하는 경우에도 큰 무리 없이 적응이 가능할 것이다.

M 스티비 특징

스티비의 전반적인 이용 절차는 다음과 같다. 스티비는 별도의 다운로드 없이 웹을 통하여 이용이 가능한 웹 기반 서비스이다. 이용을 위해서는 우선 스티비의 웹사이트(www.stibee.com)를 방문하여 회원 가입한 이후 본인의 용도에 적합한 요금제를 선택하여야 한다. 이후에 이메일이 포함된 고객 데이터베이스를 등록하고 용도에 적합한 이메일 캠페인을 선택한다. 이메일 캠페인은 일반 이메일과 자동 이메일 두 가지를 제공하고 있다. 그리고 일정기간 동안 캠페인이 진행된 이후에는 수시로 캠페인 성과를 대시보드를 통하여 확인할 수 있다. 주소록 만들기와 이메일 캠페인 만들기의 순서는 맞바꾸어도 상관은 없다. 그러나 통상적으로 주소록을 먼저 만들어 놓는 것이 이후 발송 대상자를 세분화하여 다양한 캠페인을 전개하기에 더욱 편리하다.

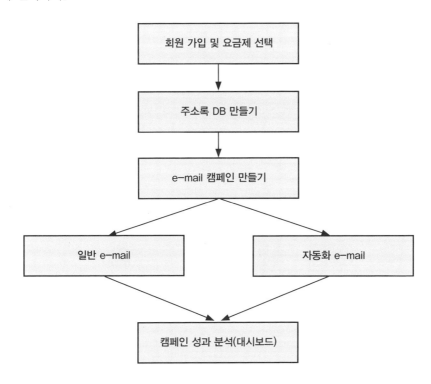

Ⅿ 스티비의 장점

1) 강력한 고객지원 템플릿

: 스티비의 가장 큰 장점은 별다른 HTML 코딩 능력이나 포토샵 등 이미지 편집 기술이 없더라도 전문적 디자인의 이메일을 보낼 수 있는 강력한 템플릿 기능을 제공하고 있는 점이다. 다단 편집, 뉴스레터, 마케팅 홍보물, 환영 이메일, 에세이, 이메일 매거진 등 이메일 발송 상황에서 필요한 거의 모든 종류의 템플릿을 망라하고 있으며, 수시 업데이트를 통하여 지원하는 템플릿은 증가하고 있다. 단지 필요한 내용과 이미지를 삽입하거나 대체하고 부분적인 디자인을 맞춤화하는 것만으로도 전문적인 이메일 메시지를 빠르고 손쉽게 누구나 작성할 수 있다.

템플릿을 선택하세요

2) 고객 주소록 정보의 관리

: 주소록은 이메일 발송대상이 되는 수신자 명단을 추가하여 관리하는 단위이다. 주소록에 구독자를 추가한 뒤 이메일을 만들 때 주소록을 선택하면 선택한 주소록에 있는 구독자

들에게 이메일이 발송된다. 주소록 입력 방식으로는 개별적 정보를 직접 입력한다거나 대량의 명단 같은 경우 CSV 파일 포맷을 통하여 입력하는 방식도 있다. 또한, 수신 거부(hard-bounce)된 경우에는 발송대상에서 자동삭제하는 방식으로 주소록 현행화 관리를 할 수 있다. 추가적으로 신규 고객 명단을 확보하기 위하여 별도의 구독 폼을 이용할 수 있으며, 필요한 경우 구독 폼에서 결제까지 받을 수 있도록 지원하고 있다.

주소록 새로 만들기

일반 주소록
구독자를 직접 추가하거나
구독 신청 양식을 통해 추가할 수 있습니다.

유료 구독 주소록
유료 뉴스레터 발행을 위해
구독 폼에서 결제를 받을 수 있습니다.

3) 대시보드를 통한 성과 관리

: 자체적으로 제공하는 대시보드 기능을 통하여 구독자 수, 발송성공률, 개봉률, 클릭률, 수신거부율 등 이메일 마케팅 캠페인에 필요한 주요 KPI 지표들을 실시간으로 확인할 수 있다. 별다른 집계 절차나 통계적 분석 작업 없이 누구나 쉽게 성과 확인이 가능해짐에 따라 상시적인 캠페인 개선활동이 가능하다.

4) A/B 테스트를 통한 실험 지원

: A/B 테스트는 전체 대상에게 각기 다른 광고나 이미지, 이메일 등의 광고 자극물을 제공한 후 어떤 집단군에서 더 뛰어난 성과를 나타내는지 비교, 확인하는 퍼포먼스 마케팅의 기본 방법론이다. 테스트를 위해서는 대상 집단을 2개 혹은 3개 이상의 소집단으로 분리한 후 각기 다른 자극을 주어야 하는데, 집단 분리는 보통 각기 다른 마케팅 노출 방법에 따라 분리

하거나, 사용자의 연령, 성별과 같은 고객 특성으로 분리하는 방식으로 이루어진다. 스티비는 이메일 발송 집단 분류와 가설 검증을 손쉬운 방식으로 지원한다.

5) 자동화 마케팅 지원

: 구독자의 행동이나 반응에 따라 자동으로 발송되는 이메일을 간단한 클릭 몇 번만으로 만들 수 있다. 마케팅 메시지를 고객 개인에게 맞게 최적화해서 발송할 수 있다면 마케팅 효과는 극대화될 것이다. 하지만 수많은 고객들마다 각기 다른 메시지를 하나하나 만들어 보낼 수는 없다. 그래서, 적절한 고객(right audience)에게, 적절한 시점(right timing)에, 적절한 채널(right channel)로, 적절한 내용(right content)을 보내는 것을 자동으로 할 수 있는 환경을 만드는 것이다. 현재는 유료 요금제에서만 지원되는 기능이다.

6) 외부 자원과의 연계 용이

: 국내에서 많이 사용되고 있는 CRM 프로그램이나 카페24, 식스샵, 고도몰 같은 쇼핑몰과 연동이 가능하며, 외부 서비스에 등록된 고객 데이터베이스를 한 번에 불러와 활용이 가능하다. 외산 프로그램에 비하여 국산 프로그램의 장점을 잘 활용한 기능이다.

✉ 스티비 가입하기

1) 사이트 방문 및 가입

: '스티비'를 포털 사이트에 검색하거나 사이트(https://stibee.com)에 직접 접속한 후 오른쪽 상단에 위치한 '로그인' 버튼을 클릭한다. 이미 가입한 경우라면 로그인 절차를 통하여 바로 시작할 수 있고, 가입되지 않은 경우라면 제시되는 가입하기 메뉴를 통하여 간단한 개인정보를 입력하고 이메일 주소가 적합한지 발송된 이메일을 회신형태로 확인한 이후에 가입할 수 있다.

2) 가입정보 및 약관 동의

: 가입단계에서 유효한 이메일 주소, 이름, 비밀번호를 입력하고 이용약관, 개인정보 수집 및 이용, 스티비의 스팸메일 정책에 동의하여야 한다. 이후 추가로 본인 명의의 휴대폰 번호 인증을 통하여 보안과 부정사용 방지의 절차를 거치고 뉴스레터 수신여부, 업종, 종사원 수, 사용 목적 등을 입력해서 인증 메일을 수신하면 최종적으로 가입이 완료된다.

◪ 고객 주소록 관리하기

　스티비의 기본적 기능은 확보된 고객의 이메일 연락처를 통하여 다양한 마케팅 캠페인을 진행하고 성과를 확인하는 것이다. 고객 주소록이 확보되지 않았거나 충분하지 않다면 스티비를 활용하더라고 할 수 있는 것은 별로 없을 것이다. 구독자 수와 같은 경우 선택하는 요금제에 따라 메일을 보낼 수 있는 인원수에 제한이 있으나 구독자를 구분하여 저장한 주소록은 사용자가 원하는 만큼 만들 수 있다. 이를 통하여 목적에 따라 고객 집단을 다수의 세분화된 주소록으로 나누어 관리할 수 있다. 주소록 화면의 좌측 메뉴를 통하여 최근 확보된 새로운 구독자를 개별적으로 추가할 수도 있으며, 주소록을 복제할 수도 있다.

주소록

생성일 순 ∨　전체 기간 ∨　　　　　　　　　　　　　　　　☆　＋새로 만들기

사무국
생성일 2022.5.25 오후 7:27　마지막 구독자 추가일 2022.5.25 오후 7:27
　　구독자
　　1　　�₊ 추가하기 ∨　☆　　∨

한국항공경영학회 영구회원
생성일 2022.5.3 오전11:59　마지막 구독자 추가일 2022.5.30 오후 2:54
　　구독자
　　19　　�₊ 추가하기 ∨　☆　　∨

한국항공경영학회 이사진
생성일 2022.4.26 오후 4:16　마지막 구독자 추가일 2022.5.6 오후 1:19
　　구독자
　　106　　☲₊ 추가하기 ∨　☆　　∨

한국항공경영학회 전임 회장
생성일 2021.11.16 오후 2:17　마지막 구독자 추가일 2021.11.16 오후 2:20
　　구독자
　　7　　☲₊ 추가하기 ∨　☆　　∨

항공경영학회 전체 회원(2022.05.30기준)
생성일 2021.1.16 오전11:29　마지막 구독자 추가일 2022.5.30 오전11:24
　　구독자
　　949　　ⅲ₊ 추가하기 ∨　☆　　∨

고객 주소록 만들기

1) 주소록 버튼 확인

: 이메일 주소 등 수신자 개개인의 주소를 입력하기 전에 먼저 새로운 주소록을 만들어야 한다. 로그인한 경우 가장 먼저 이메일 캠페인의 성과를 요약한 대시보드를 보여주는데, 화면 좌측 상단의 주소록 링크 버튼을 클릭한다.

2) 주소록 만들기

: 주소록 화면에 진입하면 이미 만들어 놓은 주소록 목록을 보이며, 화면 우측 상단의 '새로 만들기(+)' 버튼을 클릭하여 주소록을 추가할 수도 있다. 이미 만들어진 주소록 목록을 사용하여도 무방하지만 주소록 목록이 없거나 추가로 만들 경우 우선 일반 주소록과 유료구독 주소록 중에 하나를 선택해야 한다.

우선 일반 주소록은 수작업을 통하여 개별 구독자를 직접 추가하거나 사전에 확보된 대규모의 명단이 있는 경우 일괄적으로 구독자 명단을 추가할 수도 있다. 유료구독 주소록은 유료 뉴스레터를 발행하는 경우에 구독 폼을 통하여 결제를 받을 수 있도록 지원한다. 이를 위하여 메일 수신자에게 알려야 하는 정산 정보, 월 구독료, 정기결제 만료일 등 결제 관련 정보를 추가할 수 있다.

주소록 새로 만들기

일반 주소록
구독자를 직접 추가하거나
구독 신청 양식을 통해 추가할 수 있습니다.

유료 구독 주소록
유료 뉴스레터 발행을 위해
구독 폼에서 결제를 받을 수 있습니다.

일단 가장 많이 쓰이는 일반 주소록을 선택하면 새로운 주소록의 상세정보를 입력하는 페이지로 이동한다. 입력하는 정보는 메일을 보낼 때마다 똑같은 포맷으로 수신자에게 반복 노출되는 발신자 기본 정보를 설정하는 단계이므로 주의가 필요하다. 우선 주소록 이름, 기본 발신자 이름, 발신자 이메일 주소, 그리고 회사명, 주소, 전화번호가 포함되어 이메일 마지막에 표기되는 푸터(footer)를 지정할 수 있다. 추가적으로 수신되지 않고 반송되거나 발송 실패되는 하드 바운스(hard bounce) 메일의 자동삭제 여부를 설정할 수 있다. 보통 소프트 바운스(soft bounce)는 인터넷 끊김이나 다른 일시적 이유로 이메일이 전달되지 않는 경우이며 대부분 반복 전송할 경우 수신에 성공한다. 반면 하드 바운스는 이메일을 영구적으로 전달할 수 없거나 더 이상 이메일 주소가 유효하지 않은 경우이며, 적절한 지표관리와 데이터베이스 품질 제고를 위하여 확인되면 삭제하는 것이 바람직하다.

주소록 이름은 가급적 분류하기 편하게 주소록의 특성을 담아서 지정하는 것이 향후 관리와 활용에 유리하다. 일례로 단순히 '신규고객'으로 이름을 짓는다면 시간이 경과하여 단골고객으로 전환된 경우에 구분이 불가하다. 이를 위하여 '신규고객 2022년 4분기' 혹은 '경품이벤트(2023.1) 유입고객'처럼 구분하여 운영한다. 기본 발신자 이름과 발신자 이메일 주소를 기업 기준 혹은 발신자 기준으로 해야 할지 결정해야 한다. 기업 담당자의 퇴직이나 업무변경 등의 가능성을 고려할 때 기업명, 브랜드명 혹은 담당 직무명으로 기본 발신자 이름을 설정하고 회사 공식 이메일을 사용하는 것이 적절할 수 있다. 다만 경우에 따라서는 인간적 유대감을 제공하기 위하여 기업이나 브랜드명 대신에 사람 이름을 활용하는 경우도 있다. 이럴 때는 실제 존재하는 직원의 실명을 쓰기보다는 가공의 페르소나와 익명 이름을 개발하여 사용하는 것이 타당하다. 이어서 이메일 푸터의 정보도 적절하게 입력한다. 모든 항목을 입력하고 저장하기를 누르면 일단 주소록 만들기는 종료된다.

새로운 주소록을 만듭니다

주소록은 구독자의 이메일 주소와 그 외 정보가 저장되는 곳입니다.
몇 가지 정보를 입력하여 주소록을 만들면 구독자를 추가할 수 있습니다.

주소록 이름

주소록 이름은 내부 관리에 사용될 뿐만 아니라 구독 폼, 구독 확인 이메일, 수신거부 확인 화면 등에 노출될 수 있습니다.
구독자에게 의미가 잘 전달될 수 있는 이름을 사용하세요.

기본 발신자 이름

이메일을 만들 때 불러오는 발신자 이름의 기본 값입니다.

발신자 이메일 주소

인증 여부, SPF, DKIM 설정 여부에 따라 발신자 이메일 주소의 상태가 아이콘으로 표시됩니다. ❸

인증이 된 주소만 발신자 이메일 주소로 사용할 수 있습니다. SPF, DKIM이 설정된 주소를 사용하면 도달률을 높일 수 있습니다.
자세한 내용은 SPF, DKIM이 뭔가요?를 참고하세요.

발신자 이메일 주소는 최대 5개까지 추가할 수 있습니다.

3) 구독자 목록 만들기

: 주소록을 만들었지만, 현재 주소록은 아무런 수신자 정보도 들어 있지 않은 빈 껍데기에 불과하다. 이제 만들어진 주소록에 수신자의 명단, 직장, 이메일 주소 등 정보를 채워 넣어야 한다. 구독자 목록 만들기 화면으로 전환되면 향후 순차적, 선택적으로 진행해야 하는 단계들이 상단 메뉴 바에 표시되어 있다. 차례로 대시보드, 구독자 목록, 그룹, 사용자 정의 필드, 구독화면 관리, 웹훅의 기능을 설명한다.

도서 테스트

우선 구독자 정보는 주소록에 실제 이메일 등 정보를 입력하기 위하여 직접 추가하거나 파일로 추가하기를 선택할 수 있다. 직접 추가하기를 선택할 경우 각각의 이름 및 이메일 주소를 입력하여야 한다. 그리고 직접 추가하기 단계에서 구독자 그룹을 선택하여 그룹별로 구독자를 관리할 수 있다. 구독자 그룹을 지정하기 위해서는 사전에 그룹 지정이 필요하면, 해당 부분은 그룹 만들기에서 별도로 설명할 것이다.

대량으로 주소록을 작성해야 하는 경우에는 '파일로 추가하기'를 선택한다. 파일 추가가 가능한 포맷 형태는 CSV 포맷(쉼표로 분리된 텍스트)의 파일만 가능하다. CSV 포맷은 엑셀, 워드, 아래 한글 등 대부분의 프로그램에서 '다른 이름으로 저장하기'를 통하여 손쉽게 기존 파일을 변환할 수 있다. 저장된 CSV 파일을 '파일로 추가하기'로 불러온 후에는 불러온 값들이 주소록의 어떤 필드에 해당되어야 하는지 필드를 빠짐없이 지정해 주어야 한다. 이때 CSV 파일의 첫 줄이 주소록의 필드명인 경우에는 '첫 번째 행 제외하기'를 선택하여 제거해 주어야 한다. 필드명의 선택은 각 데이터 칼럼 위에 있는 드롭다운 박스를 내려서 선택해주어야 한다. 필드명에 따라 이메일 주소, 이름, 이메일 수신여부, 사용 안 함을 각각 지정해 주면 된다. 추가로 필요한 필드명이 있다면 추후에 '사용자 정의 필드' 메뉴에서 지정하여 사용할 수 있다.

4) 사용자 정의 필드 만들기

: 스티비에서 기본적으로 제공하는 필드는 이름, 이메일 주소, 이메일 수신여부, 사용 안 함의 4가지로 제한적이다. 사용 목적에 따라서는 주소록에 포함된 직장명, 성별, 주소, 직위, 고객 등급 등 다른 다양한 정보를 필드로 지정하기를 원할 수 있다. 지정된 필드는 이후 메일

머지(mail merge)를 구성할 때 기본값으로 지정하는 경우에 요긴하게 사용될 수 있다.

사용자 정의 필드를 추가하기 위해서는 주소록 화면의 상단 메뉴에서 '사용자 정의 필드' 메뉴를 클릭한 이후에 필드 정의 밑에 있는 '+ 필드 추가하기' 버튼을 누른다. 기본 키 값인 이메일 주소를 제외하고 모든 필드는 화면 우측의 연필과 쓰레기통 아이콘을 클릭하여 필드 이름 변경, 필드 이름 새로 만들기, 삭제하기가 가능하다.

사용자 정의 필드

구독자의 이메일 주소, 이름 외에도 필요한 항목을 추가로 수집하여 관리할 수 있습니다.
사용자 정의 필드에 입력된 값을 이메일 제목, 미리보기, 본문에서 불러올 수 있습니다.
자세한 내용은 이메일 제목에 구독자 이름을 넣을 수 있나요?를 참고하세요.

필드 이름	키	메일머지 기본값 ●	유형	필수 입력 ●		
이메일 주소	email		텍스트	필수		
이름	name		텍스트		🖉	🗑

+ 필드 추가하기

'+ 필드 추가하기' 버튼을 누르면 필드 정의를 위한 팝업 윈도우가 나타난다. 이곳에 작성하고자 하는 필드 이름과 키 값을 임의로 입력한다. 입력 내용에 특별한 제약은 없으나 잘 이해하고 관리할 수 있도록 해당 필드 데이터의 특성을 반영한다. 메일 머지 기본값은 해당 필드를 이용하여 메일 머지를 할 경우에 결측치에 대한 표시 값이다. 일례로 성함과 직위의 두 가지 키 값을 이용하여 메일 머지를 할 경우 모든 데이터가 입력되어 있다면 '홍길동 과장'이라고 온전히 표시될 것이다.

그러나 만일 직위와 관련된 키 값이 누락되어 있다면 '장길산'으로 불완전하게 표시된다. 메일 머지 기본 값은 누락된 필드를 가진 모든 수신자에게 공통으로 적용되는 값이다. 만일 해당 값으로 '고객님'을 지정한다면 홍길동은 '홍길동 과장님'으로, 장길산은 '장길산 고객님'으로 처리될 것이다. 새로 고객 데이터를 모으는 과정에서 해당 필드 값이 누락이 없기를 바란다면 팝업 윈도우 하단의 필수입력 '체크박스'를 선택한다.

새로운 사용자 정의 필드를 만듭니다

필드 이름

사용자 정의 필드를 구분하기 위한 이름입니다. 구독자 목록, 구독 폼, 구독 정보 변경 화면 등에서 구독자 정보를 표시할 때 사용됩니다.

> 직장명

키

메일머지 치환자를 입력하거나 구독자 정보를 API로 전송할 때 사용됩니다.

> job

메일머지 기본값

사용자 정의 필드에 저장된 값이 없는 구독자에게 표시되는 값입니다.

> 고객님

유형

> 텍스트

☑ **필수 입력**

구독 폼에서 필수로 입력받습니다 필수 입력 필드는 구독 폼에 항상 표시됩니다

취소 　저장하기

이후 새로 주소록을 입력할 경우, 사용자 정의 필드가 포함되어 있으며 선택이 가능해졌음을 확인할 수 있다.

파일로 추가하기

5개 행을 불러왔습니다. 불러온 값들이 주소록의 어떤 필드에 해당하는지 선택하세요.

이메일 주소가 비어있는 행은 추가하지 않습니다.
이메일 주소가 이미 등록되어 있다면 구독자 정보를 업데이트 합니다.

수신거부에 대한 값을 CSV 파일에 미리 입력하면, 구독자를 수신거부 상태로 추가할 수 있습니다.
자세한 내용은 파일로 추가할 때 수신거부 상태로 추가할 수 있나요?를 참고하세요.

5) 그룹 만들기

: 그룹은 하나의 주소록을 여러 개의 소그룹으로 나누어 구독자를 관리할 수 있도록 지원한다. 한 명의 구독자는 필요에 의하여 여러 개의 그룹에 동시에 속할 수 있다. 그룹 만들기는 이메일 캠페인의 효율성을 높여주기 위하여 사용되거나 A/B 테스트를 진행할 때의 편리성을 위하여 사용한다.

일례로, '도서 구매자'라는 주소록에는 성별이나 연령, 지역 등의 구분 없이 모든 구매자가 같이 들어가 있다. 그러나 만일 여성을 위한 신간 발행, 서울 지역에 한정된 저자 사인회를 개최해야 한다면 주소록을 각각 성별, 혹은 지역별 그룹으로 나누어 운영하는 것이 합리적일 것이다.

그룹을 추가하기 위해서는 주소록 화면의 상단 메뉴에서 '그룹' 메뉴를 클릭한 이후에 '+그룹 추가하기' 버튼을 누른다. 이후 등장하는 팝업 창에서 원하는 그룹명을 입력한다.

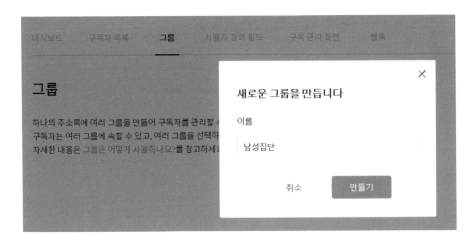

생성된 그룹에 구독자를 추가하기 위해서는 구독자 목록에서 '직접 추가하기' 또는 '파일로 추가하기'를 선택하고 구독자를 추가하는 단계에서 그룹을 선택하여 추가 가능하다. 이미 주소록에 추가된 구독자를 그룹에 포함시킬 수도 있다.

그룹을 선택하여 구독자를 추가하시겠습니까?

그룹을 선택하여 구독자를 추가하면, 그룹별로 구독자를 관리할 수 있습니다.
이메일을 발송할 때 주소록의 그룹을 선택해서(복수선택 가능) 발송할 수 있습니다.
자세한 내용은 그룹은 어떻게 사용하나요?를 참고하세요.

◉ 예

◯ 아니요

☐ 여성집단   0

☐ 남성집단   0

+ 새 그룹 만들기

취소   추가하기

'주소록' → '구독자 목록'에서 구독자를 선택한 후 '구독자 상태 변경' → '그룹 설정하기'
를 클릭하면 그룹 선택이 가능한 화면으로 전환되며, 여기에서 특정 그룹의 선택 혹은 해제
가 가능하다.

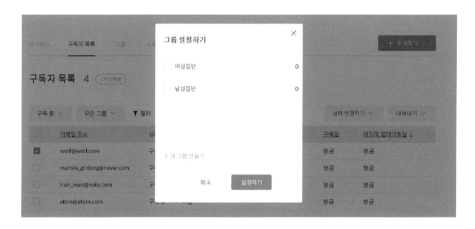

6) 구독관리 화면

: 구독 폼을 사용하면 구독자가 자신의 이메일 주소를 직접 입력하는 방식으로 이메일 콘텐츠의 구독을 신청할 수 있다. 뉴스레터 등을 운영하는 이메일 콘텐츠 발신자에게 유용한 기능이다. 구독 폼 관리는 '주소록' → '구독관리화면'에서 할 수 있다.

구독 폼으로 구독 신청을 받을 경우에 독립된 페이지로 활용할 수 있는 URL 주소, 그리고 홈페이지에 별도 삽입 가능한 코드 형태로 구독 폼이 제공된다. 이 주소나 코드를 이메일에 삽입하여 발송하거나 홈페이지에 게시하면 사용자의 이름과 이메일 주소를 입력받아서 고객 데이터베이스를 확보할 수 있다. 이때 구독 폼은 '로봇이 아닙니다' 형태의 캡처 인증을 지원한다.

도서 테스트 구독하기

이메일 주소*

☐ (필수) 개인정보 수집 및 이용에 동의합니다.

☐ 로봇이 아닙니다.
reCAPTCHA
개인정보 보호 - 약관

구독하기

또한 '구독확인 이메일 발송하기'를 활성화시켜 놓으면 구독 폼으로 구독을 신청했을 때, 구독을 확인하는 이메일을 발송한 후 확인된 구독자만 선별하여 주소록에 추가할 수 있다.

비활성화한 경우에는 구독확인 이메일을 발송절차를 생략하고 바로 주소록에 추가시킨다. 그 외에 수신 거부를 선택한 구독자로부터 수신 거부의 이유를 확인하는 기능, 발송한 이메일 뉴스레터를 수신자가 매거진 형태로 정리하여 확인이 가능한 아카이빙 기능 등도 추가 이용이 가능하다.

구독 관리 화면

구독 폼

구독 폼을 사용하면 구독자가 자신의 이메일 주소를 직접 입력하여 구독을 신청할 수 있습니다.
자세한 내용은 구독 폼은 어떻게 사용하나요?를 참고하세요.

● ○ 구독 폼으로 구독 신청받기

구독 폼으로 구독 신청을 받습니다.

구독 폼은 독립된 페이지로 사용할 수 있는 URL과 홈페이지에 삽입할 수 있는 코드 형태로 제공됩니다.

구독자에게 입력받는 정보는 주소록의 사용자 정의 필드에서 변경할 수 있습니다.
구독 폼 URL 뒤에 파라미터를 추가하면 구독자를 특정 그룹에 추가할 수 있습니다. 구독 폼 URL 파라미터 사용 방법

https://page.stibee.com/subscriptions/186592 ☐ URL 복사하기

[수정하기]   코드 내보내기

구독 확인 이메일

● ○ 구독 확인 이메일 발송하기

구독 확인 이메일을 활성화하면, 구독 폼으로 구독을 신청했을 때, 구독을 확인하는 이메일을 발송한 뒤 구독자를 주소록에 추가합니다.
비활성화하면, 구독 폼으로 구독을 신청했을 때, 구독 확인 이메일을 발송하지 않고 바로 구독자를 주소록에 추가합니다.

[수정하기]   미리보기

7) 웹훅(Webhook)

: 주소록의 마지막 기능인 웹훅은 주소록 상에서 특정 이벤트가 발생하였을 경우 발신자 기업의 서버로 알림을 보내주는 기능이다. 이때 사용자는 어떤 방식과 내용의 알림을 웹훅으로 받을지 설정할 수 있다. 웹훅은 자바 기반의 데이터 교환방식인 JSON(Java script object notation) 형태로 데이터를 주고받는다. 웹훅이 제공하는 이벤트의 종류는 구독자의 구독, 구독자 정보변경, 수신 거부, 수신 거부 취소, 구독자의 삭제와 관련된 이벤트들이다.

```
{
    "id":"4617",
    "action":"SUBSCRIBED",
    "eventOccuredBy":"SUBSCRIBER",
    "subscribers": [
        {"email":"gildong@stibee.com", "name":"길동"}
    ]
}
```

◪ 스티비 이메일 캠페인

고객과의 커뮤니케이션을 위한 제반 마케팅 활동을 마케팅 캠페인이라고 하며, 특히 이메일을 통한 활동을 이메일 캠페인이라 한다. 캠페인의 의미는 달성해야 되는 특정한 목표가 수립되어 있고, 목표 수립을 위하여 진행에 필요한 마케팅 활동의 기간이 설정되어 있음을 의미한다. 즉, 이메일 캠페인은 달성 목표를 위하여 특정 기간 동안 진행되는 마케팅 과정이다. 스티비는 이메일 캠페인에 특화된 마케팅 도구이다. 이메일 캠페인의 전제 조건인 충분한 규모의 양질의 고객 주소록이 확보되어 있으며, 전달해야 되는 메시지가 있다면 캠페인을 시작할 준비가 되어 있는 것이다.

캠페인을 시작하기 위해서는 로그인 이후에 가장 보이는 성과 요약 대시보드의 화면 좌측 상단의 '이메일' 링크 메뉴를 클릭하여야 한다. 화면이 이동하면 과거에 수행하였던 캠페인의 목록과 성과가 요약표 형태로 보이게 되며, 화면 우측 상단의 '+ 새로 만들기' 버튼을 클릭하여 새로운 이메일 캠페인을 시작할 수 있다.

'일반 이메일 만들기'와 '자동 이메일 만들기'중 적합한 것을 팝업 창에서 선택한다. 일반 이메일은 뉴스레터, 프로모션, 메일 등 구독자의 참여를 유도하기 위하여 통상적으로 대량 발송하는 이메일 캠페인이다. 반면 자동 이메일은 가입 시 환영 메일, 특정 시나리오에 따라 발송되는 메일처럼 미리 설정한 조건에 따라서 자동적으로 발송되는 이메일이다. 일단 이 단계에서는 일반 이메일을 선택한다.

이메일 새로 만들기

일반 이메일 만들기

뉴스레터, 프로모션 메일 등 구독자의 참여를 유도하기 위해
대량 발송하는 이메일을 만듭니다.

자동 이메일 만들기

가입 환영 메일, 시나리오 메일 등 미리 설정한 조건에 따라
자동 발송되는 이메일을 만듭니다.

✉ 이메일 발송하기

1) 주소록 선택하기

: 일반 이메일을 이용한 대량 발송은 '주소록 선택' → 'A/B 테스트 여부' → '발송정보' → '템플릿 선택' → '콘텐츠 작성' → '발송'의 순서로 진행된다. 다만 이 모든 과정이 필수 과정은 아니며 A/B 테스트, 템플릿 선택은 선택 과정이기 때문에 생략할 수 있다. 해당 순서의 진행 단계는 이메일을 선택한 이후에 스티비 화면 상단의 메뉴 바 형태로 확인할 수 있다. 우선 주소록에서 발송대상을 선택한다. 선택한 이후에는 화면 하단의 '다음' 버튼을 클릭하여 진행한다.

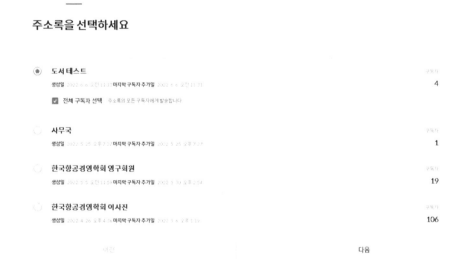

2) A/B 테스트 설정

: 이메일을 두 가지 버전으로 발송하여 성과를 비교할 수 있는 기능을 지원한다. 예를 들어 이메일의 제목, 발신자 정보, 발신 시간, 요일 등을 달리하여 발송한 이후에 성과를 비교, 검증한다. 주소록에 포함된 수신자를 검증 표본과 실행 표본으로 나누어서 일부에게 먼저 테스트한 이후에 성과가 좋은 대안을 나머지 수신자 전체에게 보내는 것도 가능하다. 상세한 A/B 테스트 방안은 후술하며, 일단 본 단계에서는 '아니오'를 선택한다.

A/B 테스트를 설정하세요

A/B 테스트는 한 가지 항목에 대해 두 가지 버전으로 이메일을 발송하여 성과를 비교하는 것입니다. 예를 들어 같은 이메일을 제목만 달리하여 발송해보고 어떤 제목이 성과가 좋은지 검증하는 것이죠. 주소록에 포함된 수신자 중 일부에게 먼저 테스트 한 뒤 성과가 좋은 버전을 나머지 수신자에게 보내는 것도 가능합니다.

제목은 어떻게 쓸지, 발신자 이름은 어떻게 쓸지, 발송은 언제할지 고민하지 말고 직접 테스트 해보세요. ●

A/B 테스트를 하시겠습니까?

○ 예
⦿ 아니요

이전   다음

---

3) 발송정보 입력

: 발송정보 입력단계에서는 이메일 제목, 발신자 이름, 발신자 이메일 주소를 입력하여야 한다. 이메일 제목은 광고 카피의 원칙에 따라 간결하고 인상 깊게 작성하는 카피라이팅 노력이 필요하다. 제목이 잘 떠오르지 않을 경우 제목 창의 우측 상단을 클릭하면 적합한 제목에 대한 제안을 참조할 수 있다. 웹 메일이나 메일 프로그램의 제목을 표시하는 영역의 크기에는 제한이 있기 때문에 제목의 길이에도 제한을 두게 된다. 이메일 사용 환경과 띄어쓰기, 영문, 숫자 조합에 따라 다르지만 영문 기준 50자(한글 치환 시 25자)를 넘어서는 안 된다. 제목 입력 시의 주의사항으로, 광고성 메일일 경우 '광고 표시하기'를 반드시 체크하여 활성화하여야 한다. 이 경우 발송된 메일의 제목 앞에 '광고'임을 자동적으로 표기하게 되는데, 이는 2015년 9월 개정된 정보통신망법 제50조 제4항에 따른 법적 의무사항이며, 위반 시 3천만원 이하의 과태료가 부과될 수 있다. 다만 비영리단체의 경우 영리 목적이 아닌 이메일을 보내는 경우에는 '광고' 표시 의무대상에 해당되지 않으므로 생략할 수 있다.

추가적 기능으로 수신자의 이름이나 정보를 표시하여 이메일 개인화를 해주는 메일 머지 기능을 이용하거나 이모티콘을 제목에 삽입할 수 있다. 메일 머지 기능을 이용하기 위해서는 '이메일 제목' 입력창의 우측에 있는 '{ }' 기호를 클릭한다. 클릭하면 사용자 정의 필드를 포

함한 주소록 필드를 모두 보여주며, 메일 머지에 필요한 주소록 필드를 선택하면 된다. 만일 사용자 정의 필드 중에 이름을 표시하는 'name' 필드를 선택할 경우, '$%name%$'의 부호 형태로 표시되는데, 실제 수신자에게는 해당 부분은 '홍길동'처럼 자기 이름으로 표시된다. 이모티콘 입력을 위해서는 메일 머지 기호 옆에 있는 스마일 기호를 누르면 된다. 메일 머지 기능은 발신자와 수신자 모두 만족도가 높은 마케팅 도구이다.

화면 하단에서는 프리헤더인 '미리보기 텍스트'를 입력할 수 있다. 미리보기 텍스트는 수신자의 받은 편지함(인박스)에 제목, 발신자 이름과 함께 표기된다. 미리 보기 텍스트를 입력하지 않은 경우에 이메일 메시지의 일부가 자동으로 노출된다. 따라서, 가급적 미리보기 텍스트도 서브 카피 개념으로 생각하고 입력하는 것이 바람직하다. 지금까지 입력한 모든 정보들은 사전 점검을 위하여 화면 우측에 미리보기 화면으로 보여준다.

4) 템플릿 선택

: 다음은 이메일 메시지와 콘텐츠를 디자인하여야 한다. 단순 텍스트로도 충분히 성공적인 캠페인 진행이 가능하지만, 뛰어난 그래픽과 디자인의 메시지는 발신자의 전문성을 보여주고, 정보를 보다 직관적으로 이해할 수 있게 해준다. 별다른 코딩이나 이미지 편집 작업 없

이도 전문가적인 메시지 디자인이 가능하도록 템플릿 라이브러리를 제공하고 있다. 별다른 디자인 없이 통상적으로 사용 가능한 빈 템플릿부터, 1단 템플릿, 2단 템플릿, 에세이, 뉴스레터, 웰컴 이메일, 상품 브로슈어, 엽서, 레시피, 매거진 등 매우 다양한 템플릿의 유형과 샘플이 제공되며, 수시 업데이트를 통하여 지원 템플릿의 종류를 넓혀가고 있다. HTML 코딩에 익숙하면 템플릿에 의존하지 않고 직접 코딩으로 만드는 것도 가능하며, HTML로 제작한 이메일 템플릿이 이미 있다면 소스 코드를 복사하여 붙여넣은 후 그대로 사용도 가능하다. 다양한 템플릿을 둘러보고 적합한 템플릿을 선택하기로 하자.

5) 콘텐츠 입력

: 템플릿을 선택한 이후에는 메시지의 내용인 콘텐츠를 입력하여야 한다. 이 과정에서 선택한 템플릿을 원하는 목적과 형태, 내용으로 수정하는 맞춤화가 가능하며, 나만의 템플릿을 만들 수 있다. 중앙의 이메일 콘텐츠를 중심으로 좌측 화면은 '상자 추가하기', 우측 화면은 '스타일 설정하기' 메뉴로 구성되어 있다.

'상자 추가하기'는 스티비의 콘텐츠 저작 도구가 레고 블록과 유사한 방식으로 운영된다고 생각하면 이해가 쉽다. 필요한 레고 블록(상자)을 더하거나 빼는 방식으로 템플릿에 변화를 줄 수 있다. 삽입 가능한 상자는 텍스트, 2단 텍스트, 이미지, 2단 이미지, 이미지+텍스트, 버튼, 2단 버튼, 로고 이미지, 푸터, 웹에서 보기 링크, 구분선, 소셜 미디어 연동, 지도, 동영상 미리보기, 상품 구매하기, 후원하기 등 다양하다. '스타일 설정하기'에서는 배경 색상, 테두리 두께, 상자의 여백, 텍스트 폰트와 크기, 버튼 폰트와 크기, 구분선의 두께 등 디자인적 요소를 지정하여 변경할 수 있다.

메시지의 내용이나 삽입 이미지, 상자, 디자인 요소를 변경하기 위해서는 중앙에 위치한 이메일 본문 내에서 직관적으로 반영이 가능하다. 해당되는 구성요소나 아이콘에 마우스를 가져가면 해당 구성 요소가 활성화되고 드래그하여 구성의 위치를 변경하거나, 구성요소의 추가, 복사, 삭제가 가능하다. 변경되는 모든 과정은 자동적으로 저장되므로 별도 저장할 필요는 없다. 본 기능은 디자이너가 필요 없는 상업용 이메일 제작을 추구하고 있기 때문에 간단한 연습만으로도 충분히 수준 높은 퀄리티의 결과물을 확보할 수 있다.

디자인된 요소가 PC나 스마트폰 화면에서 어떻게 보일지 점검하고자 할 때에는 화면 상단 중앙의 모니터 혹은 스마트폰 모양의 아이콘을 클릭하면 선택적으로 변경된 이미지 레이아웃을 미리 보여주는 기능도 유용하다.

6) 발송하기

: 이제 모든 준비가 완료되었으며, 이메일을 발송하면 된다. 이메일의 발송은 크게 '테스트 발송', '예약 발송', '발송하기'로 나누어지며 콘텐츠 화면 좌측 최상단에 있는 메뉴 중에서 선택할 수 있다. '테스트 발송'은 이메일 캠페인 시작 이전에 이상 유무를 사전에 점검하기 위하여 최대 5개의 지정된 테스트용 메일 주소로 발송할 수 있다. '예약하기'는 이메일 캠페인의 설정을 확인한 이후에 특정 일자와 시간대의 발송을 예약할 수 있으며, '발송하기'는 예약 없이 셋팅을 점검한 후 바로 발송한다. 만일 점검 단계에서 수정 사항이 발생하면 다시 해당 단계로 돌아가서 주소록이나 메시지를 수정할 수 있다.

성과 분석 및 개선

　스티비의 장점 중 하나는 캠페인의 성과를 요약하여 시각적으로 제공하는 대시보드 기능이다. 이메일을 발송한 이후 퍼포먼스 평가를 위한 인위적인 노력을 하지 않아도 자동화된 프로세스가 주요 성과 지표를 요약하여 보여준다. 대시보드는 로그인 후 처음 스티비에 접속하였을 때 초기 화면으로 등장하며, 이메일이나 주소록 작성 도중에 성과를 보기 위해서는 화면 좌측 최상단의 Stibee 로고를 클릭하면 해당 페이지로 이동된다. 대시보드에서 제공하는 정보는 발송 성공, 개봉률(오픈), 클릭률, 수신거부율의 4대 KPI의 평가와 지난 캠페인과의 비교 수치를 제공하며, 최근 1년간 구독자 수의 증감을 주간 변동 그래프로 제공한다. 관리 편리성을 위하여 실행중인 자동 이메일 캠페인의 목록도 제공한다. 다만 대시보드에서 제공하는 주요 KPI 지표의 개수는 경쟁 서비스인 메일침프에 비하여 다소 부족한 편이다.

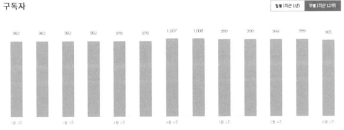

대시보드

최근 발송한 이메일 [한국형 등 경영학회] %%name%% 회원님 귀하

발송성공	오픈	클릭	수신거부
90.2%	37.5%	2.8%	0%
지난 이메일보다 변화없음	지난 이메일보다 ▼1%P	지난 이메일보다 ▼0.7%P	지난 이메일보다 ▼0.1%P

실행 중인 자동 이메일 최근 발송한 5개만 표시합니다

실행 중인 자동 이메일이 없습니다.
최근 발송한 5개 자동 이메일의 목록이 표시됩니다

구독자

982　982　982　982　978　978　1,007　1,008　999　998　996　999　985

캠페인 성과를 분석하는 주된 목적은 단지 결과를 확인하는 것뿐만 아니라 개선의 기회로 삼기 위해서이다. 따라서 주요 성과 지표의 점검 결과에 따른 후속 캠페인의 개선이 요구된다. 우선 발송 성공률이 낮은 경우에는 일시적인 소프트 바운스와 영구적인 하드 바운스 모두의 가능성을 고려하여야 한다. 원인이 일시적일 때는 메일을 재발송하거나 발송 요일이나 시간대를 변경하면 개선될 수 있다. 그러나 하드 바운스일 경우에는 고객 데이터베이스의 정합성을 의심하여야 한다. 수신자의 퇴직이나 가입 서비스 변경과 탈퇴로 인하여 유효한 이메일을 확보하지 못하였을 가능성이 높다. 이 경우 홈페이지나 오프라인 이벤트를 통하여 고객 정보를 수집하고 갱신하여야 한다. 오픈률이 낮을 때는 우선 발신자 정보나 메일 제목에 이상은 없는지, 메일 제목의 카피가 매력적인지 아닌지 등을 살펴보아야 한다. 어떤 제목 카피가 매력적인지 확신이 서지 않는다면 본 캠페인 이전에 A/B 테스트를 시행하여 결정할 수 있다. 또한 오픈률 개선을 위하여 발송 시간대, 요일 등을 변경하여 테스트해볼 수 있다.

클릭률이 낮다는 것은 이메일을 개봉하였음에도 불구하고 메시지는 관심을 받지 못하고 있음을 의미한다. 이 경우 이메일을 통한 마케팅 가치 제안의 적정성과 더불어 콘텐츠 품질을 개선하여야 한다. 이메일에서 약속하는 고객 혜택이 충분치 않거나 콘텐츠의 디자인, UI, 혹은 CTA 버튼의 카피 문구가 매력적이지 않을 수 있다. 제공하는 상품, 서비스 자체의 매력성 증가와 콘텐츠 디자인적 매력성 증가가 동시에 필요한 상황이다. 마지막으로 수신 거부가 많은 것은 우선적으로 타겟 고객층 선정이 적절하였는지 살펴보아야 한다. 나에게 적합하지 않거나 불필요하다고 여겨지는 이메일이라고 인식될 경우 보통 스팸 처리를 하게 된다. 아울러, 메일 발송 빈도도 확인이 필요하다. 지나치게 자주 발송하고 있다면 발송 주기를 점검하여 개선할 필요가 있다.

PART 05

이메일 마케팅 자동화
: Stibee 응용 및 확장

◪ 자동 이메일의 이해

마케팅 자동화(marketing automation)는 최근 인공지능과 4차 산업혁명 시대의 새로운 마케팅으로 각광받고 있다. 만일 충분한 시간과 인력이 있다면 마케팅 메시지를 고객 개개인마다 최적화하여 발송할 수 있을 것이고, 마케팅 효과는 극대화될 수 있을 것이다. 이메일 마케팅 자동화는 정보기술의 힘을 빌어 개인화된 이메일을 적절한 타겟 고객에, 적절한 시점에, 적절한 채널에, 적절한 내용으로 자동 발송하는 것이다. 스티비의 자동 이메일은 가입 환영 웰컴 메일, 시나리오 메일 등 미리 설정한 조건에 따라 자동적으로 발송되는 이메일이며, 인간의 개입을 최소화시키면서 반복적인 이메일 발송을 하기에 적합한 방식이다. 이메일 자동화는 다른 이름으로 '드립(drip) 마케팅'으로 불린다. 다만 이 기능은 유료 요금제인 스탠다드 요금제부터 제공되며 무료 요금제에서는 제공되지 않는다.

이메일 발송의 자동화가 필요한 상황은 다양하다. 예를 들어 신상품을 소개하는 이메일을 발송하였지만 1주일이 지나도록 메일을 개봉하지 않았다면 이미 개봉한 고객을 제외하고 미개봉한 고객에게만 다시 동일한 메일을 발송할 수 있다. 혹은 메일은 열어보았지만, 구매를 촉진하는 CTA 버튼까지는 클릭하지 않은 경우에는 해당 상품에 대한 체험 기회나 할인 쿠폰을 담은 별도의 촉진 이메일을 보낼 수도 있다. 이처럼 이메일 자동화는 고객이 처한 다양한 시나리오에 따라서 맞춤형 메일을 전환 목표가 발행할 때까지 반복적으로 보내는 집요한 성과지향적인 마케팅이 가능하다. 이메일 자동화를 잘 활용한다는 것은 최종적인 전환 목표까지 고객을 끌고 갈 수 있는 효과적인 시나리오를 사전에 구축하고 고객을 시나리오대로 몰고 가는 것이다. 최근 디지털 마케팅을 수행하는 성공적인 기업들은 단발적인 휘발성 마케팅 이벤트는 지양하는 대신 철저한 시나리오에 따라 고객을 구매까지 유도하는 전략을 사용하고 있다.

스티비의 이메일 목록 화면에서 '새로 만들기'를 클릭하고 이어 나오는 팝업 창에서 '자동 이메일'을 클릭하면 자동화 이메일을 만들 수 있다. 일반 이메일 발송 시 '주소록 선택' → 'A/B 테스트 여부' → '발송정보' → '템플릿 선택' → '콘텐츠 작성' → '발송'의 순서로 캠페인이 진행되는데, 자동 이메일 발송 시에는 '주소록 선택' → '발

송 조건 설정' → '발송정보' → '템플릿 선택' → '콘텐츠 작성' → '발송'의 순서로 적
용된다. 즉 자동화 조건을 설정하는 '발송 조건 설정' 단계가 추가된다. 발송 조건 설
정 단계에서는 트리거, 필터, 발송 시간대를 차례대로 설정하여야 한다.

1) 트리거(trigger) 설정하기

: 트리거는 이메일을 발송하는 기본 조건이며, 이메일, 주소록에 대한 구독자의 행동이나 API를 통한 요청에 의하여 실행된다. 트리거 메뉴의 '+ 트리거 추가하기' 버튼을 클릭하면 다양한 트리거를 선택할 수 있는 팝업 창이 나타난다. 트리거로 설정할 수 있는 구독자의 행동 조건은 주소록의 추가, 이메일 발송 여부(성공/실패), 개봉 여부(오픈/오픈 안 함), 링크 클릭여부(클릭/클릭 안 함), 그리고 API에 의한 직접 요청이다.

트리거 추가하기

주소록

추가됨.
구독하거나 관리자에 의해 주소록에 추가됐습니다

이메일

발송 성공
이메일 발송을 성공했습니다

발송 실패
이메일 발송을 실패했습니다

오픈
이메일을 오픈했습니다

오픈 안 함.
특정 시점까지 이메일을 오픈하지 않았습니다

링크 클릭
이메일에 포함된 링크를 클릭했습니다

링크 클릭 안 함.
특정 시점까지 이메일에 포함된 링크를 클릭하지 않았습니다

API

API 직접 요청
미리 정의된 경로로 API를 호출했습니다

주소록 추가 트리거는 기존 수신자 주소록에 신규로 추가된 구독자에 한해서 이메일을 발송하는 것이다. 주소록에 추가되는 경우는 수신자가 직접 구독 폼에 자신의 정보를 입력하는 경우와 마케팅 관리자가 주소록에 수동으로 수신자를 추가하는 경우 모두 포함한다. 활용 예시로는 새롭게 뉴스레터를 구독한 신규 구독자들에 한하여 과거에 발송되었던 뉴스레터를 볼 수 있는 별도의 링크를 제공하는 이메일을 발송할 수 있다.

발송 여부(성공/실패) 트리거는 특정한 이메일 메시지의 발송을 성공 혹은 실패한 구독자를 대상으로 이메일을 발송한다. 활용 예시로는 1편과 2편의 시리즈로 구성된 기술 문서를 발송한다고 가정하자. 1편 문서를 포함한 이메일의 발송이 성공한 경우에 한하여 두 번째 2편 문서 이메일을 발송하는 경우이다. 반대로, 1편 문서를 발송하지 못한 경우에는 동일한 문서가 발송 성공할 때까지 이메일을 재발송할 수도 있다.

개봉 여부(오픈/오픈 안 함) 트리거는 특정 이메일을 개봉 혹은 미개봉한 구독자에게 이메일을 발송한다. 활용 예시로는 이메일을 반복하여 보낼 때마다 가격 할인의 폭이 커지는 촉진행사를 하고 있다고 가정하자. 아직 미개봉한 구독자에게는 10%의 할인율을 알리는 광고가 메일로 보내졌다면 이미 개봉하고도 구매하지 않는 구독자에게는 20%의 더 큰 할인율을 제안할 수 있다.

링크 클릭 여부(클릭/클릭 안 함) 트리거는 이메일 내에 링크 혹은 CTA 버튼을 일정 시간 경과 후까지 클릭하거나 하지 않은 구독자에게 이메일을 발송한다. 활용 예시로는 다양한 품목을 판매하는 쇼핑몰을 고려해보자, 상품 A에 대하여 상세 설명 페이지를 클릭하지 않은 구독자는 상품 A에 대하여 관심이 없다고 판단하며, 이후 이메일에는 상품 B를 소개한다.

API로 직접 요청이 왔을 때 주소록의 구독자에게 이메일을 발송한다. 활용 예시로, 기업의 웹사이트로부터 신규 회원가입과 관련된 정보를 API 요청을 통해 받은 경우에 신규 회원에게 환영 메일을 보낸다.

트리거는 1개를 설정하거나 혹은 2개 이상을 동시에 설정할 수 있다. 트리거가 2개 이상인 경우에는 트리거들을 모두 만족해야 하는지 혹은 일부만 만족해도 되는지의 결정과 관련하여 'and' 혹은 'or' 조건식을 설정하여야 한다. 또한 트리거를 충족했을 때 즉시 이메일을 발송할 수도 있으며, 시간, 일자, 주차를 정하거나 매년 같은 날짜를 정해서 나중에 발송하도록 설정할 수도 있다.

2) 필터 설정하기

: 필터는 트리거의 조건을 충족하는 구독자를 대상으로 적용된다. 이들 중 일부에게만 이메일을 발송하고자 할 때 사용하는 추가 조건이다. 필터로 사용되는 정보는 주소록의 그룹, 또는 사용자 정의 필드를 기준으로 설정한다. 사전에 주소록에 필터로 사용할 수 있는 정보를 확보하고 있어야만 사용이 가능하다. 활용 예시로는 링크 클릭 트리거를 충족한 경우를 생각해보자. 스마트폰 신모델의 기능을 소개하는 랜딩 페이지를 클릭한 구독자 중에서, 단말 약정기간 종료 6개월 이내인 구독자에게만 신제품 초청회 이메일을 발송할 수 있다.

3) 발송 시간대 설정하기

: 발송 시간대는 자동 이메일의 발송을 허용하는 시간대이다. 트리거와 필터의 조건을 만족하더라도 즉각 발송되지 않으며, 요일, 시간 등의 발송 시간대를 지정할 수 있다.

✉ 자동 이메일 만들기 실습

스티비에서 자동 이메일을 발송하는 방법을 실습을 통하여 알아보자. 자동 이메일과 일반 이메일의 발송 방법은 발송 조건의 설정 여부를 제외하고는 동일하기 때문에 주소록 선택, 발송 정보, 템플릿 선택, 콘텐츠 작성, 발송 등의 공통적인 내용은 생략하거나 간략하게 상기하는 정도로 진행하고, 발송 조건을 중심으로 설명하고자 한다.

실습 상황은 1차로 진행된 '신규도서 구매하기' 캠페인의 CTA 버튼을 3일 이내에 클릭하지 않은 고객에게 5일 후에 더 높은 할인율을 제시하는 2차 메일을 보내는 판촉 행사이다. 수익의 극대화를 위해서 대부분의 기업들은 구매에 관심이 없는 고객에게 추가적인 할인을 제공한다는 것은 대부분 알고 계실 것이다. 우선 주소록을 선택하여야 한다. 우리는 도서구매 경험이 있는 고객들을 대상으로 선택하였다.

트리거

트리거는 이메일을 발송할 기본 조건입니다. 이메일, 주소록에 대한 구독자의 행동이나 API 요청에 의해 실행됩니다.
이 자동 이메일을 실행하기 전에 발생한 구독자의 행동이나 API 요청에 대해서는 트리거가 발생하지 않습니다.

트리거 1

1차 캠페인 : 신규도서 구매하기 의 링크 #를 ▢ 3 ∨ ▢ 일 이내 ∨ ▢ 클릭하지 않았을 때

+ 트리거 추가하기

모든 조건을 만족하면 ∨ ▢ 5 ∨ ▢ 일 후에 ∨ 이메일을 발송합니다.

▢ 첫 발송 후 반복 발송하기

설정한 주기에 따라 같은 시간에 이메일을 발송합니다. 발송 여부나 발송 시간은 필터, 발송시간대, 발송 시점의 구독자 상태에 달라질 수 있습니다.
자동 이메일 반복 발송 사용 방법

다음 단계의 발송 조건 메뉴의 트리거에서 발송 조건으로 과거에 보냈던 어떤 이메일을 자동으로 재발송할 것인지를 지정하고, 트리거의 발송 조건으로 '링크 클릭 안 함'을 선택한다. 과거의 이메일로는 '1차 캠페인: 신규도서 구매하기'가 선택되었고, 링크를 3일 이내 클릭하지 않았을 때를 조건으로 설정하였다. 실제적으로 사용된 CTA 버튼의 이름(#), 구독자의 트리거 행동(시간, 일자, 주차)을 차례로 지정해준다. 일단 모든 조건을 만족하면 5일 후에 이메일을 발송하도록 설정하였다.

트리거

트리거는 이메일을 발송할 기본 조건입니다. 이메일, 주소록에 대한 구독자의 행동이나 API 요청에 의해 실행됩니다.
이 자동 이메일을 실행하기 전에 발생한 구독자의 행동이나 API 요청에 대해서는 트리거가 발생하지 않습니다.

트리거 1

1차 캠페인 : 신규도서 구매하기 의 링크 # 를   3   ∨   일 이내   ∨   클릭하지 않았을 때

+ 트리거 추가하기

모든 조건을 만족하면 ∨   5   ∨   일 후에 ∨ 이메일을 발송합니다.

☐ 첫 발송 후 반복 발송하기

설정한 주기에 따라 같은 시간에 이메일을 발송합니다. 발송 여부나 발송 시간은 필터, 발송시간대, 발송 시점의 구독자 상태에 달라질 수 있습니다.
자동 이메일 반복 발송 사용 방법

필요하다면 본인이 주소록에 등록한 필드 중에서 하나를 선택하여 필터 적용이 가능하다. '도서 구매(2023년 1분기) 주소록'에는 이메일 주소 이외에 이름, 직장명 필드가 설정되어 있는데, 만일 삼성전자 같은 특정한 대기업에 근무하는 사람을 제외하고 싶다면 해당 직장명을 삼성전자로 입력하고, '포함되어 있지 않습니다'로 조건을 설정한 후 발송하도록 하면 된다.

필터

필터를 설정하면 트리거의 조건을 만족하는 대상 중 일부에게만 이메일을 발송할 수 있습니다.
그룹 또는 사용자 정의 필드를 기준으로 설정합니다.

필터 1

직장명 ∨ 에   삼성전자   이/가 포함되어 있지 않습니다. ∨

+ 필터 추가하기

조건 중 하나라도 만족하면 ∨ 이메일을 발송합니다.

발송 조건의 마지막 단계로, 발송 시간대를 설정한다. 발송 조건은 트리거나 필터보다 우선하여 적용된다. 트리거나 필터에서 시간이나 일자를 지정하여도 발송 시간대의 설정이 우선적으로 적용된다. 본 사례에서는 월~금에 이르는 주중의 근무시간(9~18시) 사이에만 발송하는 것으로 설정하였다.

발송 시간대

트리거와 필터의 조건을 만족해도 발송 시간대에 따라 이메일이 발송되지 않게 할 수 있습니다.
발송 시간대가 아니어서 이메일이 발송되지 않은 경우, 발송 시간대가 돌아올 때까지 기다렸다가 이메일이 발송됩니다.

발송 시간대의 시작 시간과 끝 시간은 서로 달라야합니다. 동일한 시간(예. 오후 1시부터 오후 1시까지)을 선택할 수 없습니다.
이 외에 발송 시간대 동작 방식에 대한 자세한 내용은 발송 시간대는 어떻게 동작하나요?를 참고하세요.

이후 자동화 이메일 발송의 단계는 발송 정보, 템플릿, 콘텐츠 작성의 단계를 일반 이메일 발송 시와 마찬가지로 차례로 설정해주면 된다.

A/B 테스트하기

이메일을 발송할 때도 실험적 사고를 견지할 것을 권장한다. 여러 후보안 중에서 어떤 이메일의 내용과 형식이 보다 효과적인지 알 수 없기 때문에 실시간으로 A/B 테스트를 진행하여 확인하는 것이 중요하다. 우선 소규모 표본에게 이메일을 여러 안으로 보낸 다음 성과를 바탕으로 효과성 있는 이메일을 보낸다. 이를 위해서는 이메일 발송안을 차별화해야 하는데, 차별화하는 방안은 다양하다.

가장 기본적으로는 이메일 제목, 수신자 이름의 개인화 정도 등을 차별화하여 보낸다. 대부분의 이메일 마케팅 도구에서 지원하는 A/B 테스트 기능이다. 이메일 마케팅 도구에서 별도의 실험 그룹을 나누어서 각기 다른 이메일을 보낼 수도 있으며, 구글 애널리틱스나 구글 옵티마이저 등을 활용하여 각기 다른 이메일 추적하는 것도 가능하다.

보다 수준을 높여서는 이메일 내용이나 CTA 버튼, 이메일 속의 이미지 등을 차별화하여 보낼 수 있다. 예를 들어, CTA 버튼 문구로 '50% 할인'을 사용할 것인지, '반값세일'을 사용할 것인지 테스트해볼 수 있다. 제목으로 사용할 문구로 '○○ 할인행사'나 '지금 놓치면 후회' 중 어떤 것이 더욱 효과적인지 실험해 볼 수도 있다. 더불어 고객의 리뷰 포함 유무나 메시지 레이아웃 형태, 개인화 여부, 삽입하는 이미지별로 테스트를 진행하여 가장 효과적인 발송안을 선택할 수 있을 것이다.

스티비의 이메일 목록 화면에서 '새로 만들기'를 클릭하고 이어 나오는 팝업창에서 '일반 이메일'을 클릭하면 A/B 테스트를 실시할 수 있다. 일반 이메일은 '주소록 선택' → 'A/B 테스트 여부' → '발송 정보' → '템플릿 선택' → '콘텐츠 작성' → '발송'의 순서로 진행된다.

1) A/B 테스트 조건 설정

: A/B 테스트를 진행할지 여부를 선택하고, 구체적으로 테스트할 항목을 선택한다. 선택할 수 있는 항목은 이메일 제목, 발신자 이름, 발송 스케줄 중 하나이며, 선택된 항목에 대하여 2개의 각기 다른 버전으로 이메일을 발송한다.

A/B 테스트를 설정하세요

A/B 테스트는 한 가지 항목에 대해 두 가지 버전으로 이메일을 발송하여 성과를 비교하는 것입니다. 예를 들어 같은 이메일을 제목만 달리하여 발송해보고 어떤 제목이 성과가 좋은지 검증하는 것이죠. 주소록에 포함된 수신자 중 일부에게 먼저 테스트 한 뒤 성과가 좋은 버전을 나머지 수신자에게 보내는 것도 가능합니다.

제목은 어떻게 쓸지, 발신자 이름은 어떻게 쓸지, 발송은 언제할지 고민하지 말고 직접 테스트 해보세요. ❶

A/B 테스트를 하시겠습니까?

◉ 예

　아니요

어떤 항목을 테스트하시겠습니까?

선택한 항목에 대해 2개 버전으로 이메일을 발송합니다

◉ 이메일 제목

　발신자 이름

　발송 스케줄

　이후 테스트 그룹과 발송 그룹의 비율을 설정하여야 한다. 테스트 그룹은 A/B 테스트에 참여하는 인원이며, 발송 그룹은 테스트 이후에 더 높은 성과를 보인 이메일을 수신 받을 인원이다. 테스트 그룹의 인원이 너무 적다면 실험 결과를 믿을 수 없으며, 반대로 테스트 그룹의 인원이 너무 많으면 캠페인 대상이 될 구독자의 수가 감소한다. 적정한 인원을 테스트 그룹에 배정하여야 한다. 아울러, 테스트 그룹에 발송한 이후 몇 일 이내에 더 성과가 좋은 메시지 버전을 발송 그룹에게 발송할지 설정하여야 한다.

테스트 그룹과 발송 그룹의 비율을 설정하세요.

A형 테스트는 주소록에 포함된 수신자를 2개의 테스트 그룹과 1개의 발송 그룹으로 나누어 발송합니다.
2개의 테스트 그룹 중 성과가 좋은 버전을 발송 그룹에게 발송합니다.

6%   94%

테스트 그룹 2명   발송 그룹 17명

테스트 그룹과 발송하고 1 ∨ 일 후에 성과가 더 좋은 버전을 발송 그룹에게 발송합니다.

설정한 시점까지 테스트 그룹과 성과를 집계하고 어떤 버전을 발송할지 결정합니다. 성과 판단 기준은 "오픈"입니다.

2) 발송정보 A안 및 B안 입력

: A/B 테스트를 진행하면 테스트 항목이 2개가 생긴다. 제목 테스트를 선택하면 2개의 제목을 각각 다르게 입력하여야 하며, 발신자 이름을 선택하면 발신자 이름도 각각 다르게 입력하여야 한다. 그 이외의 설정은 일반 이메일 발송과 동일하다.

이후 이메일 A/B 테스트의 단계는 템플릿, 콘텐츠 작성의 단계를 일반 이메일 발송 시와 마찬가지로 차례로 설정해주면 된다.

A/B 테스트의 확장

다만 아쉽게도 스티비가 제공하는 이메일 A/B 테스트의 기능은 설정 값이 제한적이다. 이메일 제목, 발신자 이름, 발송 스케줄의 세 가지 설정 값으로만 실험이 가능하다. 본 테스트만으로도 캠페인의 성과 개선이 가능하지만, 보다 세부적인 테스트를 하기 원한다면 다른 방법을 활용할 수 있다.

1) 주소록 그룹 세분화

: 주소록의 그룹 만들기 기능을 활용하여, 발송 대상을 소그룹으로 분리한 후 완전히 다른 메시지를 발송하여 테스트하거나 이미지, 색상, 폰트, CTA 버튼, 발송 시간대 등 스티비의 A/B 테스트에서 지원하지 않는 다양한 구성 요소까지 테스트가 가능하다.

2) 애널리틱스 도구 연동

: 이메일 내 CTA나 링크를 구글 애널리틱스로 분석하거나 UTM으로 설정하여 다양하게 비교할 수 있다. 이미 구글 애널리틱스나 구글 옵티마이저에 익숙한 관리자라면 추가적으로 애널리틱스를 통한 추적이나 비교를 병행할 것을 권한다.

◾ 이메일과 소셜 미디어

고객과의 커뮤니케이션 수단으로 페이스북, 인스타그램, 틱톡, 링크드인 등 기업의 다양한 소셜 미디어 사용이 증가하면서 이메일 마케팅이 상대적으로 위축될 것이라는 우려가 제기되었던 바 있다. 그러나 소셜 미디어의 인기에도 불구하고 여전히 이메일은 고객과 의사소통하고 가치를 전달하는 가장 광범위하고 효과적 매체중 하나이다. 소셜 미디어의 사용자 수가 증가하고 있지만, 여전히 이메일 사용자의 수에는 미치지 못하고 있다. 또한 페이스북 등 소셜 미디어 사용자의 경우 회원가입 후 실제 사용은 하지 않는 비활성 이용자 비율이 상당히 높은 것에 비하여 이메일 사용자는 비교적 활성사용자 비율이 더 높다. 그러나 여전히 비즈니스 환경 속에서 많은 기업들이 이메일과 소셜 미디어의 활용 범위에 대하여 고민하고 있음을 고려할 때, 매체들 간의 관계와 효과적인 활용 방안에 대하여 고찰하여야 한다.

최근 소셜 미디어 서비스들은 마치 이메일과 흡사한 기능들을 추가하여 다이렉트 메시지 기능을 제공하고 이메일의 기능을 일부 대체하려고 한다. 그러나 대부분 태생부터 개인 간 커뮤니케이션과 관계 구축을 위하여 개발된 소셜 미디어는 마케팅 목적으로 활용되는 이메일을 대체하기에는 아직 부족한 점이 적지 않다.

페이스북이나 인스타그램은 '친구' 맺기를 한 경우에만 서로 메시지를 주고받을 수 있다. 링크드인은 페이스북과 달리 '인메일(InMail)' 기능을 이용할 경우에는 1촌이 아닌 사람에게도 직접 연락하는 것은 가능하다. 그러나 인메일 기능은 개인 간, 1:1 커뮤니케이션이라는 제약된 형태로만 가능하며, 연속적으로 메시지를 주고받는 형태는 아니다. 트위터 역시 서로 1촌 관계로 팔로워를 하는 경우에만 메시지를 주고받는 것이 가능하며, 대량 메시지 발송은 불가하다. 그 결과 페이스북, 인스타그램, 트위터, 링크드인 같은 소셜 미디어는 이메일처럼 다수의 수신자를 대상으로 하는 대량의 커뮤니케이션을 수행하지 못한다. 국내에서 많이 쓰이고 있는 카카오톡은 1:1 개인 간 메시지 전송에서 벗어나 점차 브랜드 채널을 개설하여 대량 소통하는 등 비즈니스 메시지에 적합하도록 진화하고는 있지만, PC보다는 모바일에 보다 특화되었다는 점, 과거 수신한 메시지의 검색이나 보관 등이 이메일보다 불편하다는 점, 그리고 서로 1촌맺기가 먼저 되어 있어야 하는 등의 제약으로 아직 완벽하게 이메일의 대체 수단이 되지는 못하고 있다.

즉, 소셜 미디어 상에서 주고받는 메시지는 발신자와 수신자가 상호 협의 하에 메시지를 주고받는다는 특징을 공통적으로 가지고 있다. 그리고 소셜 미디어는 대량 메시지 발송 작업에 필요한 수신자의 주소, 연락처 등 데이터베이스 수집을 허용하고 있지 않다. 이런 특성은 기존 고객의 관리는 물론이고 꾸준히 새로운 고객 리드를 탐구해야 하는 기업의 상업적 목적에 부합하지 않는다.

소셜 미디어는 소비자나 고객들이 기업이나 기업의 브랜드에 더 높은 충성도를 보이고 관계를 형성하도록 하기 위하여 정보나 브랜드 경험 등 가치 있는 콘텐츠를 공유한다. 그러나 오히려 이런 특성들로 인하여, 상품 판매나 홍보 등 직접적인 매출 발생을 위하여 활용하기에는 적합하지 않다. 지나치게 상업적 목적이 드러날 경우 팔로워들은 스팸 메시지로 간주하거나 아예 기업 소셜 미디어와의 관계를 단절시키기 때문이다. 이에 기업이 자신의 운영하는 페이스북이나 인스타그램으로 수많은 고객들을 성공적으로 유입시켰다고 하더라도 운영의 목적과 범위는 제한되며, 매출 등 상업적 색채는 드러내지 않으려고 노력한다.

반면에 이메일은 1촌 맺기의 깊은 수준의 관계를 맺은 고객이 아닐지라도 쉽게 메시지를 보낼 수 있으며, 프로모션, 가격할인, 판매와 같은 매출 지향적인 메시지 전송에도 유용성을 보인다. 소셜 미디어들이 각각 제공하는 다이렉트 메시지 도구들이 이메일과 유사한 점도 있지만 이들 도구들은 오로지 해당 소셜 미디어의 이용환경 하에서만 사용이 가능하기 때문에 다수의 다양한 고객들을 상대하기에는 무리가 따른다. 이메일을 통한 지속적 대화와 환경에 구애받지 않는 특성은 소셜 미디어의 시대에도 여전히 빛을 발하고 있다. 이메일과 소셜 미디어는 모두 기업의 디지털 마케팅을 위한 커뮤니케이션 채널로 활용될 수 있지만 적지 않은 차이가 존재한다.

우선 메시지 형태가 개인에게 직접 전달하는 다이렉트 메시지인가 혹은 대중이나 고객 집단을 대상으로 발송되는 대중적 메시지인가의 차이이다. 이메일은 보통 개인에 특화된 특별한 제안을 주로 메시지로 활용하는데 이는 과거에 사용하였던 우편물이나 카탈로그 발송을 대체한 것이다. 저렴하면서도 풍부한 정보를 효율적으로 제공할 수 있는 이메일은 먼저 고객의 명단을 수집하고, 고객별 맞춤 제안을 한다는 점에서 이들 과거의 커뮤니케이션 매체들과의 유사성이 높다. 반면에 소셜 미디어는 다이렉트 메시지 기능이 있지만, 그보다는 이벤트 안내, 신제품 홍보, 브랜드와 관련된 새로운 뉴스 등 통일된 메시지나 콘텐츠를 대중에게 전달하는 방식으로 메시지를 제공한다. 특히 오가닉으로 제공되는 소셜 미디어의 콘텐츠들은 특정 소비자 맞춤형으로 제공하는 것이 불가능하다.

상호작용적 측면에서도 차이가 존재한다. 이메일은 사실상 주고받는 내용은 수신자 당사자 말고는 알 수 없다는 점에서 매우 사적이며 개인적인 수단이다. 반면에 소셜 미디어는 내가 단 댓글이나 좋아요 등을 나조차 모르는 다수의 대중이 접근할 수 있도록 공개해야 한다는 점에서 공공적이며 개방적인 수단이다. 내가 올린 댓글이나 많은 사람들이 공개적으로 공감하거나 비난할 수도 있으며, 이는 소셜 미디어 이용자들의 콘텐츠 소비는 항상 사회적 인식이나 무언의 압력에 노출되어 있다는 의미이다. 그 결과, 소셜 미디어에 비하여 이메일에 대한 수신자 반응은 보다 정확한 타겟팅이나 마케팅의 근거 자료가 된다. 똑같은 기부 캠페인을 하더라도 이메일에 첨부한 '응원하기' 링크를 클릭한 경우가 소셜 미디어의 링크를 클릭한 경우보다 더 진정성이 있으며, 향후에 전환으로도 이어질 가능성이 있다는 의미이다.

또한 이메일은 발신자인 기업과 수신자인 고객 간의 일방향적 커뮤니케이션으로 진행되는 반면, 소셜 미디어는 쌍방향적 커뮤니케이션이다. 사실 이메일을 보내는 기업들조차도 수신자인 고객이 응답 이메일을 보낼 것을 크게 기대하지 않거나, 아예 이메일로는 응답 자체를 받지 않기도 하다. 일부 이메일 중에는 '본 이메일 주소로는 회신 불가'함을 명시하기도 한다. 반면에 소셜 미디어는 쌍방향 커뮤니케이션이 기본이며, 기업들은 이를 적극적으로 장려한다. 소셜 미디어에서의 상호작용을 통하여 기업과 브랜드에 대한 친근함, 애정, 사랑과 같은 정서적 보답을 기대한다. 그러나 이런 차이점이 소셜 미디어가 이메일보다 우월하다는 증거로 사용되어서는 안 된다. 커뮤니케이션 효과성을 높이기 위해서 모든 수단들이 동원되고 있음을 고려할 때 이메일은 이메일대로, 소셜 미디어는 그 나름대로의 다른 쓸모가 있을 뿐이다.

이와 관련하여 이메일 마케터는 확보된 주소록이나 구매 경험, 충성도 혹은 기타 개인 정보를 바탕으로 고객을 세분화한 후 세분고객별로 적합한 메시지나 제안을 개발하여 이메일을 발송한다. 즉, 하나의 이메일 매체를 통하여 다수의 고객 집단을 세분화하여 접근할 수 있다. 발신자는 기업 한명이지만, 수신자는 다수의 수신자 그룹 혹은 개개인에게 특화된 메시지 전달이 가능하다. 그러나 소셜 미디어에서는 하나의 미디어에서 다수의 고객 집단을 세분화하는 것은 가능하지 않다. 페이스북이나 인스타그램은 그 자체로 하나의 뚜렷한 기업 이미지를 형성하는데 기여하며, 단일한 브랜드 목소리를 만들어 소비자와 대화하고 관계를 쌓는다. 소비자들에게 영향력 있는 소셜 미디어의 숫자를 고려할 때, 소셜 미디어를 통한 세분화 마케팅은 제한적일 수밖에 없다. 이런 문제를 부분적으로 해소하기 위하여 기업들은 페이스북, 틱톡, 인스타그램 등 연령대별, 소비자 특성별 보다 선호하는 다수의 소셜 미디어를 병행하여 운영하기도 하지만, 소셜 미디어별 이용자 집단이 명확히 구분되지 않는 경우도 있으며, 소셜 미디어의 종류나 숫자도 아직은 충분하지 않다.

그 밖의 마케팅 관리 차원에서도 소셜 미디어에 비하여 이메일은 보다 예측 및 관리가 용이한 도구이다. 보통 이메일은 기업의 마케팅 전략이나 계획에 따라 메시지가 개발되고 상호작용이 관리될 수 있다. 기업이 보유한 이메일 명단을 세분화하고, 각기 다른 제안과 메시지를 발송하고 성과를 관리하는 과정은 사전의 계획 수립을 용이하게 해준다. 그러나, 트위터나 카카오톡 등 다른 도구들은 신속하고 지체 없는 커뮤니케이션을 요구하며, 고객의 댓글이나 반응을 예상하는 것이 매우 어렵다. 그 결과 사전의 계획보다는 상황에 따라 최선의 대응을 하는 활동이 더 중요하게 여겨진다. 기존에 살펴본 바와 같이 소셜 미디어와 이메일의 특성은 적지 않은 차이가 있으며, 이는 이 두 미디어가 상호 보완적으로 공존할 수 있는 가능성을 보여준다.

구분	소셜 미디어	이메일
메시지 형태	공지, 홍보 등 대중적 콘텐츠	개인에 특화된 개인화된 메시지
상호작용 특성	공감, 친구 맺기 등을 통한 쌍방향의 대중적 의사소통 강조	상대방의 회신 전까지는 대화가 불가한 일방향의 개인적 의사소통
개인성 정도	수신자 집단을 대상으로 진행	수신자 개개인별 맞춤화 가능
타겟팅	특정 고객 집단이 타겟	수신자 개인이 타겟
세분화	관계, 공감 중심 세분화	개인정보, 구매정도 등 세분화
계획성	계획보다는 상황에 따른 대응	사전 계획과 스케줄링에 따른 발송

그렇다면 이처럼 개성과 특성이 강하며 차별적인 두 미디어들은 어떻게 퍼포먼스 창출을 위한 상호 협력이 가능할 것인가? 메시지의 전달 수단으로 이메일과 소셜 미디어를 모두 활용할 수 있다. 우선 가능한 가장 간단한 방법은 이메일 메시지에 소셜 미디어로 연결되는 링크를 삽입하거나, 소셜 미디어를 통하여 이메일 마케팅에 필요한 주소록 등 고객 정보를 수집하는 것이다. 고전적인 방법이지만, 이메일과 소셜 미디어가 상호 협력하기 위하여 가장 먼저 시도해볼 수 있는 방법이다. 다음 가능한 방법은 소셜 미디어와 이메일이 공통으로 활용할 수 있는 메시지나 스토리텔링을 개발하여 활용하는 것이다. 이와 관련하여 OSMU(one source multi use) 전략, 혹은 COPE(create once publish everywhere) 전략이 거론된다. 미디어별 특성에 따라 각기 다른 메시지가 필요하지만, 브랜드의 정체성이나 기업의 지향성 등 본원적인 메시지는 공통적으로 전달될 수 있을 것이다. 예로, 만일 브랜드의 정체성이나 에센스를 강화할 수 있는 사용자 스토리가 발굴되었다면, 이런 스토리나 스토리와 관련된 이미지 요소들은 동시에 게재되거나 발송될 수 있을 것이다.

M 모바일 메시지와 카카오톡

유튜브, 인스타그램의 인기와 틱톡 같은 숏폼 미디어의 부상, 메타버스에 대한 관심 증대에서 보듯 인터넷 생태계는 전 세계 시장과 소비자가 동조하여 움직이고 있다. 다만 모바일 메시지 서비스는 글로벌 시장을 지배하는 대표적인 서비스가 없으며, 동조 현상에서 예외적으로 존재한다. 미국의 대표적인 모바일 메신저는 왓츠앱(WhatsApp)이지만, 중국은 위챗, 일본은 라인, 그리고 한국은 카카오톡이 대표적인 모바일 메신저 서비스이다. 그 결과 문자나 메시지 기반의 커뮤니케이션을 마케팅에 활용하기 위해서는 먼저 각 국가의 주도적인 모바일 메신저를 이해하여야 한다. 스마트폰이 사실상 전 국민에게 보급되면서 문자 통신의 영향력은 최고 단계에 달하였고, 요금 부담을 줄이면서 보다 편리하게 소통하기 위한 노력은 모바일 메신저 서비스 형태로 등장하였다. 화려한 영상과 기술이 결합된 멀티미디어 서비스의 시대임에도 불구하고, 문자 기반인 메신저 서비스는 여전히 생동감 있는 존재로 남아있다. 와이즈앱이 2022년 조사한 '한국인이 가장 많이 사용하는 앱'에서 카카오톡은 사용자가 전 국민이나 다름없는 4,594만 명에 이르며, 유튜브나 쿠팡 등을 제치고 1위를 차지하였다.

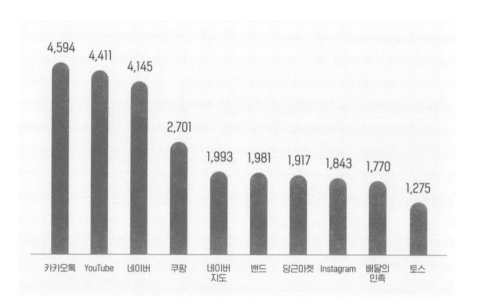

이처럼 여전히 모바일 메신저 같음은 문자 서비스가 사랑받는 이유는 실시간 대화가 가능한 단순한 커뮤니케이션 도구를 넘어서, 단체 방을 통하여 직장에서의 업무 생산성 향상을 도모하고 있다는 점이나, 다양한 이모티콘의 사용을 통하여 개인 간 대화에서도 다양한 감정 표현이 가능해졌고 쇼핑, 금융, 브랜드 홍보 등 다양한 서비스들이 추가되고 있는 점 등에서 찾아볼 수 있다. 또한 즉각적으로 이어지는 개인적, 사적인 대화에 적합하고, 은밀하게 대화할 수 있다는 특징도 중요한 영향을 미쳤을 것이다.

모바일 메시지 서비스는 이메일보다 훨씬 나중에 개발되고 확산된 만큼 비즈니스 도구로써의 활용성이나 특장점이 다른 커뮤니케이션 도구들보다 명확한 편이다. 다양한 모바일 메시지 서비스 중에서도 국내에서 가장 많이 쓰이는 카카오의 서비스들을 중심으로 관련 시장과 솔루션을 이해할 필요가 있다. 우선 카카오는 현재 모바일을 기반으로 다양한 서비스들을 확장하는 것으로 유명하다. 카카오톡, 카카오페이지, 멜론 등의 다양한 콘텐츠는 물론 카카오택시 같은 모빌리티, 쇼핑, 금융 등 전 방위로 서비스를 확대하고 있다. 이중 카카오톡은 카카오 비즈니스 플랫폼의 일부이다. 카카오 비즈니스 플랫폼은 카톡 채널과 메시지 서비스를 제공하는 카카오톡 채널, '비즈보드' 등 개인화된 맞춤형 광고 서비스를 제공하는 카카오 모먼트, 입점형태의 오픈마켓인 카카오 쇼핑의 3가지 영역이 핵심이다.

카카오톡은 개인 대 개인뿐만 아니라 기업의 상호나 브랜드, 제품명으로 만든 계정을 활용하여 소통할 수 있으며, 브랜드와 고객 간의 관계를 강화해줄 수 있는 핵심 서비스다. 현재 대부분의 기업들은 물론이고 비영리단체, 공공기관들도 앞 다투어 카카오톡에서 이런 브랜드 채널들을 운영하고 있으며, 이를 통하여 고객 개개인과의 친밀도 향상, 문의사항 해결 등을 처리하고 있다. 다만, 이런 과정에서도 상대방의 수신 동의를 받는 퍼미션이 필요하며, 퍼미션 없이는 그 자체로 스팸 광고로 처리되어 법률적 제재의 대상이 될 수 있다.

카카오톡은 기본적으로 오픈채팅과 그룹채팅을 운영하고 있다. 그룹채팅은 카카오톡 친구로 등록된 사람들만 초대할 수 있었는데 비하여 오픈채팅은 카카오톡 친구가 아니더라도 해당 채팅방의 주소만 안다면 누구나 입장하여 자유롭게 대화를 할 수 있다. 오픈채팅 방을 통하여 대화방을 개설한 기업이나 브랜드는 별도의 추가비용 없이 자유롭게 고객들과 채팅이 가능하다. 채팅 과정을 통하여 고객의 좋아요나 댓글달기를 유도함으로써 고객의 관심을 제고할 수 있다. 카카오톡의 플러스친구가 메시지 발송에 소정의 금액이 소요되는 것과 달리 오픈채팅방을 활성화할 경우 유료 광고비를 절약할 수 있기 때문에 이를 활성화할 필요가 있다.

사용자의 기분이나 상태 등을 전달하기 위한 정서적 소통방식으로 활성화되어 있는 이모티콘도 기업들에게는 활용 가치가 있다. 카카오톡이나 라인 등 주요 메신저 서비스들은 이모티콘을 별도의 캐릭터 콘텐츠 서비스로 발전시키면서 수천억원의 이모티콘 판매 수익을 올리고 있는데, 카카오톡 이모티콘의 대표주자격인 '라이언'은 카카오를 먹여 살리는 핵인싸 '라전무'로 불리기도 했으며, 2017년 승진자 명단에서는 당당하게 한 단계 높은 '라이언 전무'로 이름을 올렸을 정도다. 이모티콘은 디자인 능력을 갖추었다면 누구나 자신만의 이모티콘을 만들고 판매할 수 있는 생태계로 발전하였으며, 카카오톡에 채널을 개설한 기업들은 한정판 이모티콘을 발행하는 마케팅을 전개하고 있다.

이처럼 카카오톡 메시지 서비스는 전 국민 대다수가 사용하는 국민 앱으로서 누구나 접근이 가능하고, 이메일을 제외한 다른 어떤 메시징 서비스보다 비용 측면에서 저렴하다는 장점이 있다. 또한 고객의 전화번호만 알고 있다면 '알림톡' 기능을 통하여 메시지를 전달할 수 있다. 이런 장점들은 상업적 매체로서 카카오톡의 가치가 여전히 높음을 보여준다. 그러나, 카카오톡이 장점만을 가지고 있는 것은 아니다. 기업이 소유한 매체가 아니기 때문에 메시지나 콘텐츠에 대한 사전 규제나 심사가 까다롭고, 매체 운영의 자유도가 떨어지는 편이다. 특히 청소년 등을 대상으로 하거나, 건강식품등에 대한 광고나 홍보는 까다로운 심사로 반려되는 경우도 빈번하며, 기업이 직접 발송하는 이메일에 비하여 제약이 크다. 또한 사실상 무료인 이메일에 비하여 메시지 전송 횟수가 증가함에 따라 적지 않은 사용료를 지불하여야 한다. 카카오톡의 비중이 증가하면서 무시할 수 없는 수단이 되고 있지만, 어느 한 매체에 전적으로 의존하기 보다는 매체별 장단점을 이해하고 자신에게 적합한 매체 믹스를 수립할 필요성이 증대하고 있다.

이메일, 문자, 카톡 메시지의 UMS 통합

메시지 전달의 자동화 수단을 단지 이메일로 제한하는 것은 대단히 비효율적인 생각이다. 모든 것이 미디어이다. 고객에 닿을 수 있다면 어떤 미디어든 메시지 전달에 이용하는 것이 효과적이기 때문이다. 이를 위하여 카톡이나 문자 메시지 등이 사용되는데, 문자를 대량으로 발송할 경우, 보통 대량 문자 발송 서비스를 이용한다. 대량 문자 발송 시장은 현재 심각한 레드오션으로 대부분 가격 경쟁을 벌이고 있어 소요 비용이 저렴하다. 1통당 단문은 8-10원 내외, 장문 20-30원, 포토메일 50원 정도에 이용이 가능하다. 대량 문자 발송을 위하여 SI 작업을 통하여 기업 내부에 문자 발송 시스템을 직접 구축하는 경우도 있으나 인하우스 내 직접 구축은 문자 발송이 빈번한 기업이 아니라면 기능이나 비용 측면에서도 불리하다. 이런 이유가 아니면 외부 업체를 활용하는 아웃소싱이 더 유리하다.

문자 발송도 이메일이나 카톡 메시지와 결합하여 진화하였다. 최근에는 단순하게 이메일의 자동화에 머물지 않고, 사용가능한 모든 메시지 채널을 통합하는 옴니채널 (omni-channel)형 자동화가 확산되고 있다. UMS(unified message service)는 모든 가용한 채널을 활용하는 옴니채널 전략이다. 확실한 메시지 전달 효과와 더불어 커뮤니케이션 비용도 최소화가 가능하다.

과거에는 각각 고객 데이터베이스를 이메일 발신이나 문자용으로 별도로 갖추고 연계성 없이 발송하였다. 그러나 UMS는 비용 대비 효과성이 가장 높은 미디어를 통하여 우선적으로 발신하고, 이중 수신하지 않거나 전환이 없는 고객만을 대상으로 하여, 그 다음 차순으로 비용 대비 효과성이 높은 미디어를 통하여 재발송한다.

예를 들어, 전혀 비용이 들지 않는 이메일을 먼저 발송한 후 개봉하지 않은 고객을 대상으로 문자를 보내고, 문자마저 보지 않는 경우에는 카카오톡 비즈메시지를 발송한다. 그리고 카카오톡에도 반응이 없는 경우에는 팩스나 직접 아웃바운드(outbound) 콜을 통하여 전화로 접근하는 방식이다. 이런 과정의 반복을 통하여 최저 비용으로 최대 전달 효과를 창출한다. 다만 UMS 시스템은 자체적으로 구축하기 보다는 필요 용량만큼 임대하여 사용하는 것이 유리하다.

보험사나 공공기관처럼 UMS의 발송량이 많고 상시적인 발생이 필요한 경우에는 직접 SI(System Integration) 형태로 구축하기도 하지만, 소량 발송하는 경우에는 SaaS(Software-as-a-Service) 형태로 구독하여 활용하는 것이 일반적이다. 현재는 초기에는 내부 SI 형태로 구축하였던 금융, 보험, 홈쇼핑, 교육기관 등의 업종에서도 처음에는 SI 형태로 구축하였다가 보다 유연하고 총비용 절감이 가능한 SaaS 이용 형태로 변화하고 있는 추세이다.

국내 UMS 업체인 엠앤와이즈(M&Wise)는 옴니채널형 종합 UMS 서비스를 제공하는 전문기업으로, 시스템 구축과 SaaS, 대행 발송까지 다양한 서비스를 제공하고 있다. 이들의 주요 사업 내용으로는 카카오톡 알림톡 서비스, 메시징 관련 업무 대행 서비스인 SaaS, 커뮤니케이션 채널을 하나로 통합하는 통합 메시징 시스템을 진행하고 있다.

PART 06

이메일 마케팅
성과 분석

INDEX.

☒ 성과 분석 피드백의 필요성

마케팅 관리자는 누구나 성과에 대한 집념과 더불어 두려움을 가지고 있으며, 이메일 마케팅 관리자 역시 마찬가지다. 그러나 미국의 경영학자 피터 드러커(Peter Drucker)가 말했듯이 측정하지 못하면 관리할 수 없고, 관리할 수 없으면 개선할 수 없다. 기대하지 않은 결과가 나오더라도 성과의 측정을 두려워하거나 회피하면 안 된다. 이를 통하여 다음 캠페인의 실패 가능성을 줄이고 효과성을 높일 수 있다.

성과 분석 및 피드백의 필요성은 다양하게 제시될 수 있다.

첫째, 성과 분석을 통하여 기대할 수 있는 가장 큰 장점은 마케팅 활동의 수익률 개선이다. 검색 광고나 인플루언서 마케팅 등 다른 수단들에 비하여 실제 소요되는 비용이 비교할 수 없을 정도로 현저하게 적기 때문에 ROI 관점에서 가장 뛰어난 성과를 보일 수 있다. 지속적으로 효과성이 높은 이메일 메시지와 발송 방법, 발송 시점 등을 개선하여 수익을 개선한다.

둘째, 지속적 이메일 캠페인의 개선 활동을 손쉽게 진행할 수 있으며, 성과 분석도 과거보다 손쉬워졌다. 이메일 마케팅도 기본적으로 퍼포먼스 마케팅의 한 영역이며, 발송 후 성과 점검, 피드백, 개선 활동은 끊임없이 이어지는 선순환 관계이다. 이메일 발송 플랫폼들은 주요한 성과 지표를 보여주며, 구글 애널리틱스나 구글 옵티마이저 등 웹 분석 도구와의 연결은 보다 세부적인 개선 활동을 지원해준다. 다만, 이메일 마케팅의 성과 분석은 단기적 프로모션 관점과 더불어 장기적 관점에서 이해될 필요가 있다. 단순히 이메일 한 통을 열고 안 열고가 중요한 것이 아니라, 이메일의 지속적 발송과 회신을 통하여 거래에 참여하는 양측 간의 신뢰와 관계가 얼마나 향상되었는지와 같은 장기적 목표를 달성하는 것도 필요하다.

M 성과 분석의 단계

퍼포먼스 마케팅의 핵심과정인 성과 분석과 개선활동은 총 일곱 개의 세분화된 단계로 전개될 수 있다.

1) 수신자 중심적 마케팅 사고

: 다른 마케팅 활동들과 마찬가지로 이메일 캠페인 활동은 철저히 고객 중심적 사고를 기반으로 하여 이루어져야 한다. 고객이 이메일을 통하여 기대하는 가치나 그들의 니즈를 이해하지 못한 상태에서 발송된 이메일은 무용한 스팸 메일에 불과하다. 비용이 거의 들지 않는다는 것은 장점이기도 하지만, 기업들이 큰 비용이 투입되는 다른 마케팅 수단들에 비하여 별다른 고민 없이 진행한다는 점에서는 단점이 되기도 한다. 그러나 적절하지 않은 이메일은 고객 불만족을 야기하는 부정적 효과에서도 뛰어나다. 이메일 마케팅의 고객 만족 증대를 위하여 성과 분석이 지속적 프로세스로 자리 잡아야 하며, 개선을 위한 그로스 해킹 툴로 정착되어야 할 것이다.

2) 목표의 명확화

: 이메일 캠페인을 통하여 달성하고자 하는 최종적 목표와 단계적 목표를 명확하게 이해하여야 한다. 우선 단계적 목표는 발송 시점의 이메일이 달성해야 되는 고객 퍼널 상의 목표이다. 이번에 발송되는 이메일은 단순히 브랜드 인지도를 높이는 것인가 혹은 구매 가능한 사이트로 연결까지 해야 되는 것인가를 고민하고 진행되어야 한다. 그리고 이론 고객 퍼널 단계별 목표는 궁극적으로 기업이 지향하는 전사적 KPI 목표와 정합성을 갖추어야 한다.

3) 가설의 수립

: 캠페인의 결과가 도출된 이후에 성과를 보는 것은 늦다. 캠페인 이전에 캠페인이 가져올 성과를 가늠할 수 있어야 한다. 그리고 가장 최적의 성과달성 방법과 관련하여 여러 가지 후보 대안을 고려하고, 실험을 통해 최적의 방법을 찾아 나가야 한다. 이를 가설적 사고라고 한다. 가설의 수립은 무작위로 광고 등 자극물을 보내는 것이 아니라 이메일의 A/B 사전 테스트를 통하여 특정 광고나 이메일에는 어떤 반응이 나올지 마케팅 관리자가 자신만의 예측 시나리오를 세우는 것이다.

4) 가설 검증 요소의 선택

: A/B 테스트를 위해서는 이메일의 구성 요소를 일부 변형하거나 달리한 다수의 후보안이 필요하다. 다른 부분은 동일한 상태에서 검증하고자 하는 요소만 부분적으로 달리해야 한다. 보통 발신자 성함, 이메일 메시지, 메시지 내 포함되는 이미지 파일이나 카피 문구, CTA 버튼의 카피 문구 등을 달리 설계할 수 있다.

5) 검증에 필요한 KPI 선택

: 어떤 이메일 후보안이 더 우월한 성과를 낼 수 있는지를 말하기 위해서는 성과 지표, 즉 KPI에 미리 합의하여야 한다. A안이 개봉률에서 더 뛰어나지만 B안이 클릭률이 더 뛰어나다면 어떤 후보안이 우월한 것인가? 이런 질문에 답하기 위해서는 이메일 캠페인이 추구하는 KPI와 정렬성을 가진 A/B 테스트만의 목표가 필요하다. 너무 많은 지표를 잡는 것은 바람직하지 않으며, 핵심 성과를 표현할 수 있는 2~3개 정도의 KPI 만으로도 충분할 것이다.

6) 검증 실행

: 실제 검증을 진행함에 따라 발송 대상과 검증 기간을 결정하여야 한다. 발송 대상을 결정할 때는 의사결정에 필요한 충분한 표본 수를 확보할 수 있을지 고민이 필요하다. 의사결정의 확신에는 충분한 표본 수가 필요하다. 만일 200명의 유효한 데이터를 모으기 위해서는 몇 명에게 보내야 할까? 평소에 보인 응답률이나 개봉률이 1% 남짓할 정도로 낮다면 적어도 2만 명 이상에게 테스트 메일을 발송해야 한다는 단순 계산이 가능하다. 일반적으로 이메일의 응답률은 채 2%가 되지 않을 정도로 낮으며, 상업적 마케팅 서베이에서는 최소 필요 표본수는 대략 300~500명 내외로 산정한다. 또한 마케팅의 다음 단계로 진전하기 위해서는 사전에 테스트의 마감 시한을 정해놓고 진행하여야 한다.

7) 분석 및 개선활동

: 수집된 캠페인 결과를 바탕으로 문제점을 분석하고 더 나은 대안을 선택하거나 다시 설계하는 개선활동을 전개한다. 분석 및 개선활동은 일회성의 선형적 활동이 아니라 계속 반복되어야 하는 순환적 활동이다.

M 고객 퍼널과 목표

이메일 캠페인 과정 중에서 적합한 캠페인 목표를 설정하는 것은 중요하다. 다른 그로스 해킹의 수단들과 마찬가지로 이메일 캠페인 역시 고객 깔대기, 즉 고객 퍼널의 구조와 이를 따라 움직이는 고객 여정에 대한 적절한 이해 없이는 목표 설정을 하는 것은 불가능하다. 고객 퍼널은 고객이 최초로 관심을 보이고 유입한 이후 기업의 목표로 하는 행동에 이르기까지의 고객 여정을 보여준다. 고객 퍼널은 기업이나 판매 상품 특성에 따라 다소 달라지기도 하며, 퍼널 단계의 숫자도 변화하는데, 보통 리드로 표현되는 잠재 고객을 가망 고객으로 몰입시키고, 궁극적으로는 구매나 가입 등 목표행동을 하는 고객 단계로 변모시키는 과정을 의미한다. 퍼널의 상단인 잠재 고객을 만드는 것이 목적인가 혹은 하단의 수익성과 밀접한 관계가 있는 구매 고객을 만드는 것이 목적인가, 혹은 퍼널의 중단을 목표로 하는가에 따라서 이메일 마케팅이 추구하는 목표 역시 달라지게 된다. 퍼널 모델이 각광받는 이유는 각 단계별로 이메일 마케팅 활동이 지향하는 목표를 명확하게 해주기 때문이다.

일반적인 마케팅에서 고객 퍼널 구조는 인지, 관심, 고려, 의도, 평가, 구매의 구성을 보이고 있다. 퍼널의 각 부분은 다음과 같은 의미를 갖는다.

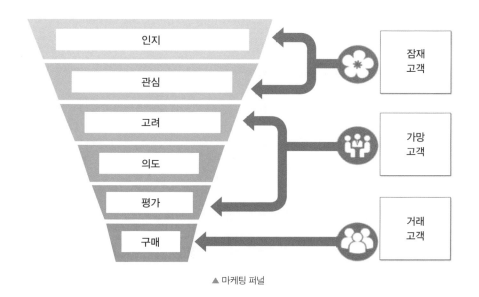

▲ 마케팅 퍼널

1) 인지

: 전에 알지 못했던 브랜드나 상품의 존재를 알게 되는 단계이다. 인지를 달성하려면 광고 활동이나 주변 사용자의 구전 활동 등의 커뮤니케이션 노력이 필요하다.

2) 관심

: 브랜드나 상품의 존재를 인지한 고객 중 일부는 흥미나 관심을 보일 수 있다. 이런 관심은 인지를 하자마자 생길 수도 있고 반복적 노출이 누적된 결과로 생길 수도 있다.

3) 고려

: 관심 제품을 여러 구매 후보안 중의 하나로 고려하는 단계이다. 검색을 통하여 브랜드나 상품 관련 정보를 입수하는 과정에서 구매 욕구가 높아지고 있는 상황을 의미한다.

4) 의도

: 구매에 대한 관심이 커져 구매를 결정하는 단계이다. 구매에 대한 어느 정도의 의지를 보이고 있기 때문에 직접 검색 광고를 통해서 키워드 검색을 하기도 하며, 오프라인 매장을 방문하여 제품 테스트를 해보기도 한다.

5) 평가

: 구매 결정을 위하여 뽑아 놓은 상품이나 브랜드의 장단점을 평가하고 태도를 확정하는 단계이다. 결정을 용이하게 하기 위하여 타인의 사용 경험이나 리뷰 의견들을 참조하기도 한다.

6) 전환

: 최종적으로 구매나 가입, 구독처럼 기업이 의도한 행동을 취하는 단계이다. 전환 이후에는 구매 후 행동 관리가 중요하며 구매자가 긍정적 구전을 퍼트릴 수 있도록 하거나 구매의 결정을 재확신할 수 있는 보증 프로그램 등을 제공하기도 한다. 혹은 이후의 재구매, 반복 구매로 이어지도록 다시 퍼널 단계를 추가하여 관리할 수도 있다.

이메일 캠페인의 목적이 이런 퍼널의 단계 중 어느 단계의 목표를 달성하고 있는지 먼저 명확하게 설정해야 한다. 만일 단순히 신제품의 브랜드를 알리는 인지 단계가 목적이라면, 이메일을 단순히 개봉하는 것만으로도 목표가 달성될 수 있다. 그러나 반면에 고객이 과거에 구매하였던 제품을 재구매하게 하는 것처럼 퍼널 하단에 도달하는 목적을 가지고 있다면, 단순한 이메일 개봉이 아니라, 이메일의 구매 링크를 클릭하게 하는 것이 목표가 될 수 있는 것이다.

보다 디지털 마케팅 상황에 적합하게 제안된 퍼널 모델을 적용할 수도 있다. 그로스 해킹의 전문가인 미국의 스타트업 기업가 데이브 맥클루어(Dave McClure)는 'AARRR'이라는 퍼널의 사용을 권장한다. 고객의 유입에서 최종 전환 목표까지의 달성 단계를 총 5단계로 구분하고 있으며, 각 퍼널의 단계로 진입할 때마다 적절한 분석 기법과 측정 지표를 적용할 것을 권하고 있다. 이 퍼널의 이해와 적용을 기반으로 적절한 이메일 마케팅 캠페인을 운영할 수 있다.

1) 획득(acquisition) 단계

: 퍼널의 첫 번째이며, 고객이 서비스로 처음 유입되는 단계이다. 고객이 우리 기업을 찾아내는 것이 그로스 해킹의 최선의 목적이며, 신규 방문자의 증가가 주된 목적이 된다. 이를 위하여 신규 가입자 유치를 위한 소셜 네트워크 이벤트, 검색 엔진 최적화(SEO), PR 등이 사용된다.

2) 활성화(activation) 단계

: 방문한 고객이 진정한 고객이 되기 위해서는 이탈하지 않고 자사의 사이트나 앱에서 무엇인가 의미 있는 활동을 해야만 한다. 즉, 이런 활동을 통하여 방문 고객에게 감탄의 순간(A-ha moment), 즉 최초의 만족감을 주는 것이 목적이다. 이를 위하여 잘 구축된 랜딩 페이지, 그리고 상품 본연의 매력성 강화, 그리고 마일리지 적립 등 행동 촉진을 위한 인센티브가 필요하다. UI/UX 테스트나 A/B 테스트를 통하여 이런 목적이 얼마나 잘 달성되었는지 여부를 확인할 수 있다.

3) 유지 단계(retention)

: 일단 활성화된 고객이 지속적인 재방문을 할 수 있도록 유도하며, 재방문 지표를 관리한다. 이는 신규 고객 유치보다는 재방문한 고객의 관리가 보다 비용 효율이 높으며, 고객의 충성도를 높이는 데도 효과적이기 때문이다. 이메일을 통한 고지, 시간 한정 이벤트, 지속적인 흡인력을 갖춘 블로그 콘텐츠 등이 이용된다.

4) 소개(referral) 단계

: 고객이 지인이나 친구들에게 소개를 통하여 확산하도록 한다. 일방적인 광고보다는 지인의 추천이나 소개는 보다 신뢰성 있는 정보로 판단되기 때문이다. 리퍼럴 강화를 위한 방안으로 친구 추천 시 추가적인 혜택을 제공하는 촉진 캠페인, 이메일, 고객 만족도 향상 등이 필요하다.

5) 수익 단계(revenue)

: 최종 단계로서, 실질적인 구매와 수익 창출을 연결한다. 리드 창출, 구독 확대, 투자 유치 등이 이루어져야 한다. 다만, 사이트의 목적이 수익 창출이 아닌 경우에는 추후 상담이 가능한 연락처를 확보하거나 회원 가입 등이 수익 목표를 대신할 수 있다.

퍼널 상의 목표를 설정하고 성과를 트랙킹하는 방법은 다양하지만, 크게 이메일 플랫폼이 보여주는 기본 지표를 통하여 우선 확인이 가능하다. 그러나, 플랫폼이 제공하는 정보는 제한적이다. 고객 여정 전후의 관계라든지 장바구니 매출의 성과 등 보다 다양하고 직접적인 성과까지 제공하지는 못하고 있다. 물론 최근 일부 기능으로 스티비는 카페24의 장바구니나 매출 정보까지 연동한 분석을 지원하고는 있으나, 아직까지는 제한적이다. 본격적인 성과 분석을 위해서는 Urchin tracking module(UTM)과 같은 외부 트랙킹 도구와의 연계가 필요할 수 있다.

GA를 이용한 성과 측정

성과 추적을 위한 애널리틱스 도구는 다양하지만 이중에서 구글 애널리틱스가 무료 이용과 강력한 기능을 기반으로 사실상 표준이 되고 있다. 이메일 마케팅도 구글 애널리틱스의 강력한 기능을 활용할 수 있다. 일례로 대표적인 측정항목 중 하나인 이탈률(bounce rate)을 통하여 웹사이트나 콘텐츠가 제공하는 고객 경험을 파악하고 개선 필요성을 환기할 수 있다.

그리고 광고가 아니라 검색 등을 통하여 자연적으로 발생되는 트래픽과 전환율을 확인하고 잠재 고객의 특성이나 주요한 검색어들을 확인할 수 있고, 사이트를 방문한 이후 방문자가 어떤 정보를 구체적으로 다시 검색하는지 내부 검색어를 통해서 확인할 수 있다. 또한 로딩 속도가 느린 특정 웹 페이지를 확인하고 개선할 수 있을 뿐 아니라, 고객 퍼널의 구축과 분석을 통하여 사용자의 행동방식을 분석할 수 있다. 특히 퍼널의 다음 단계로 이동할 때 이탈하는 고객들의 특성을 퍼널 분석을 통하여 파악함으로써 이탈 방지에 필요한 대응 전략을 수립할 수 있다.

마지막으로, 다양한 소재, 상이한 고객 집단, 상황별 목표와 같은 가설을 토대로 A/B 테스트를 진행할 수 있다. 이를 통해 대규모 캠페인을 전개할 경우 발생 가능한 시행 착오를 사전에 점검할 수 있다는 이점이 있다. 본 도서에서는 이미 다른 정보원에서 많이 다루고 있는 구글 애널리틱스에 대한 상세한 설명은 제외하고 추가적으로 활용할 수 있는 방법을 중심으로 접근하고자 한다.

UTM 태그를 활용한 성과 측정

UTM은 Urchin tracking module의 약자로, 보통 캠페인 태그로 불리며 URL에 추적 모듈이 추가된 형태이다. 보통 URL에 추적 모듈인 UTM을 부착하기 위해서는 랜딩 페이지 URL 뒤에 ?를 추가하고 UTM 태그를 지정할 수 있다. 즉 광고 이벤트를 진행하는 가상의 기업인 ABC사의 랜딩 페이지의 주소가 'www.abc.co.kr/promotion.html' 이라면 캠페인 태그는 'www.abc.co.kr/promotion?utm_....'과 같은 형태로 태그가 지정된다.

자주 사용되는 UTM 태그는 모든 UTM 태그에 적용되는 필수적인 태그와 선택적으로 적용 가능한 태그로 구분된다. 세 가지 필수 태그인 utm_source, utm_medium, utm_campaign를 모두 포함하지 않았으면 UTM 태그가 작동하지 않는다. source는 트래픽이 어디에서 왔는가(where), medium은 트래픽이 어떻게 왔는가(how), 그리고 마지막으로 campaign은 마케팅 행사의 이름이 무엇(what)인가로 이해할 수 있다. 즉 네이버에서 디스플레이 광고를 통하여 추석 연휴 세일을 하는 경우에는 'utm_source=네이버, utm_medium=디스플레이 광고, utm_campaign=추석세일' 처럼 이해할 수 있다. 이용 가능한 utm 태그의 종류는 총 5가지이며, 그 구분은 다음과 같다.

1) 캠페인 소스(utm_source)

: 캠페인 미디어 소스(예: 네이버, 구글, 다음, 페이스북 등) 식별에 사용되는 필수 태그이다.

2) 캠페인 미디어(utm_medium)

: 캠페인 채널(CPC, 배너 광고, 카페, 뷰탭, 블로그 등) 구분에 사용되는 필수 태그이다.

3) 캠페인 명칭(utm_campaign)

: 현재 진행 중인 캠페인의 이름을 통한 식별(예: '블랙 프라이데이 세일 이벤트' 등)에 사용되는 필수 태그이다.

4) 캠페인 콘텐츠(utm_content)

: 필요할 때 선택적으로 사용되는 선택 태그이며, 2개 이상의 광고 집행 시 광고의 구분, A/B 테스트 진행 목적으로 사용된다. 선택 항목이다.

5) 캠페인 키워드(utm_term)

: 웹사이트 방문자가 외부 검색 시 사용한 특정 키워드를 추적하기 위한 목적으로 사용된다. 선택 항목이다.

직접 수동으로 태그를 설정하기도 하지만, 보다 손쉽게 캠페인 빌더를 이용하는 방법이 있다. 이후 생성된 태그를 구글 애널리틱스 등 추적 도구와 연동한다. 이후 이용자의 방문이나 클릭 활동을 통하여 태그가 실행되면 성과에 대한 자동 추적이 가능하다.

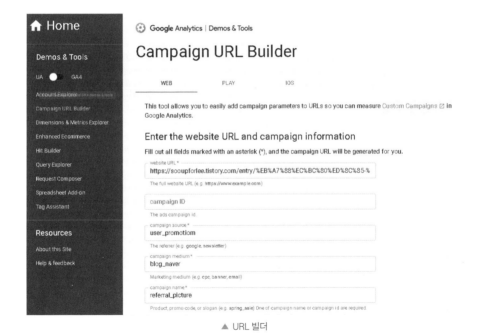

▲ URL 빌더

생성된 태그를 이메일 내 링크나 CTA 버튼에 삽입하여 이메일 이용 행동과 성과에 대한 종합적인 추적도 가능해진다. utm_content 태그를 적용하여 간단한 A/B 테스트를 진행하고 마케팅 의사결정의 효과성을 높일 수 있다. 일례로 새로운 콘텐츠 구독 서비스를 제공하는 온라인 콘텐츠 기업의 경우에는 CTA 버튼의 카피 문구를 A안 : 구독 추천, B안 : 구독혜택, 보기 혹은 C안 : 구독안내 받기의 세 가지 가상 카피로 설정한 후 어느 카피의 CTA 버튼을 통하여 더 많은 방문이 이루어지는지, 실제 구독이라는 전환 성과로 연결되는지를 비교할 수 있다. A/B 테스트는 전통적으로 마케팅 실험에 사용해왔던 통계분석 방법인 분산분석에 비하여 통계적 유의성을 입증하기 어렵다는 제약이 있음에도 불구하고 간단하고 빠르게 실험을 시행하고 더 나은 대안을 선택할 수 있다는 장점을 기반으로 활용도가 증대하고 있다. 또한 구글이 제공하는 '구글 옵티마이즈(optimize.google.com)'와 같은 테스트 최적화 도구들을 활용하면 보다 손쉽게 A/B 테스트, 다변수(multi-variate) 테스트, 리디렉션(redirection) 테스트 등을 설계하고 진행할 수 있다.

PART 07

이메일 마케팅
성공 사례

INDEX.

✎ 사례 1. 오바마 캠프(2008)의 정치모금 캠페인 ✎

  2009년부터 2017년까지 미국 대통령을 역임한 오바마의 정치 캠페인은 이메일 마케팅의 대표적인 성공사례일 뿐만 아니라, 그로스 해킹의 성공사례로도 자주 언급되는 내용이다. 미국 대선의 경우 많은 후원자를 통하여 지지와 대선자금을 마련하는 것이 중요하다. 국토의 넓이가 넓고 인구 수도 적지 않기 때문에 모금을 위한 다양한 전략 중 이메일 뉴스레터를 통하여 구독자를 모으고 모금을 호소하는 것이 일반적이다. 오바마 캠프 역시 데이터 분석과 더불어 온라인 마케팅에 많은 노력과 인원을 투입하여 정치 마케팅을 추진하였다. 오바마의 선거캠프는 어떻게 하면 유권자의 관심을 받을 수 있는 이메일 뉴스레터를 발송할 수 있을지 고민하였고 구글 출신의 온라인 광고 전략 전문가인 댄 시로커(Dan Siroker)를 영입하였다.

  2008년 선거 운동이 진행되던 당시 세력 열세였던 오바마는 정치자금 부족이 심각한 수준이었고, 이를 해소하여야만 했다. 이를 위하여 200명의 데이터 분석가와 18명의 이메일 담당자를 채용하였고 본격적인 온라인 마케팅을 시행하였다. 그리고 필요한 선거자금인 7억 달러(한화 약 8천억 원)의 대부분을 이메일 캠페인으로 확보하는 데 성공하였다. 이들의 성공 뒤에는 활발하게 진행된 A/B 테스트가 존재하였으며 선거 운동 기간 총 500회 이상의 다양한 이메일 A/B 테스트를 실행하였다. 한 번은 이메일 발송 시, 본문 메시지의 내용은 동일하지만 메일 제목만 다른 총 12개 버전의 이메일을 제작하여 발송하였는데, 가장 낮은 성과를 거둔 제목인 '투표가 바로잡았던 한 가지(The one thing that the polls got right)'라는 제목의 이메일은 단지 40만 달러 모금 성공에 그쳤지만, '돈 다 떨어져가요(I will be outspent)'라고 직접적으로 재정적 어려움을 호소한 제목의 이메일은 무려 255만 달러의 모금 성과를 거두었다. 이는 무작위로 발송되어 실제적으로 수신자 간에 어떤 주목할 만한 차이점이 없었음에도 불구하고 단지 제목의 변경이 6배 이상의 성과 차이를 가져온 것이다. 오바마 캠프에서는 이런 반복적인 A/B 테스트와 이메일 콘텐츠, 랜딩 페이지의 개선을 통하여 49%의 전환율과 161%의 정보수집률을 기록했다.

THE SUBJECT LINE	THE HAUL	THE DIFFERENCE
오바마의 홍보팀은 모금을 위하여 소수의 후원자 그룹에게 각기 다른 제목의 이메일을 보냄.	이메일로 확보된 후원금에 기반하여, 전체 후원자에게 보냈을 경우의 예상 수익을 계산.	그 다음에는 만일 최적이 아닌 다른 이메일 제목을 보냈다면 얼마의 잠재 손실이 있었을지를 계산.
I will be outspent.	$2,540,866	n/s
Some scary numbers	$1,941,379	$599,487
If you believe in what we're doing...	$911,806	$1,629,060
Last call: Join Michelle and me	$894,644	$1,646,222
Would love to meet you	$755,425	$1,785,441
Do this for Michelle	$714,147	$1,826,719
Change	$711,543	$1,829,323
The mose popular Obama	$659,554	$1,881,312
Michelle time	$604,813	$1,936,053
Deadline: Join Michelle and me	$604,517	$1,936,349
Thankful every day	$545,486	$1,995,380
The one thing the polls got right...	$403,603	$2,137,263

  테스트를 통하여 정치 자금 모집 외에도 재미있는 사실을 다수 발견하게 되었다. 일례로 정치 모금을 하는 데 있어서 세련되고 멋지게 디자인된 '모금하기' CTA 버튼을 삽입하기보다는 단순히 텍스트 링크에 하이라이트를 준 디서 촌스러운 어글리(ugly) 디자인이 더 모금에 효과적임을 확인하였다. 일반적인 상식이나 직관으로 섣불리 판단하기보다는 직접 실험하여 검증하는 것이 더 효과적임을 확인하게 되었다.

✎ 사례 2. 해외 공유 숙박 기업의 브랜드 구축 ✎

불과 얼마 전만 하더라도 여행객을 위하여 자신의 숙소를 내어주거나, 여행지에 가서 호텔이 아닌 타인의 집을 숙소로 삼는 것은 상상하기 어려운 일이었다.

해외 한 공유 숙박 기업(A)은 이를 가능한 일로 바꾸어 놓았다. 비어 있는 아파트나 빈 방 등의 공간을 대여하는 새로운 서비스를 출시하였고 성공하였다. 그러나 이런 사업 아이디어를 A 기업이 처음 내놓은 것은 아니며, 그 이전부터 민박이나 중고 사이트를 통한 빈 공간을 임대하려는 시도가 있었다. 하지만 낯선 여행객에게 방을 빌려주는 것도, 낯선 타인의 집에서 하루 머무는 것은 매우 불안한 일이었다.

숙박 공유 사업에는 공통적으로 신뢰라는 큰 장애물이 존재하고 있던 것이다. A 기업은 공유숙박의 걸림돌이었던 신뢰 문제를 해결하였으며, 여행객과 현지인이 서로 연결되고 교류할 수 있는 길을 만들었다. 그리고 이런 브랜드 명성 구축의 과정에는 강력하고 효율적인 이메일 마케팅 캠페인이 함께하였다.

A 기업은 여행을 계획하고 있는 관심 고객에게 호기심을 자극할만한 메시지를 발송하고 있다. 출신 국가, 지역, 성별 등 다양한 잠재 고객의 프로파일을 분석하고 나온 정보를 바탕으로 개인화된 여행지 추천을 하고 있다. 이런 개인화된 메시지는 여행 계획의 수립에 큰 도움이 된다. 또한 다른 사람들이 많이 여행하고 있는 지역임을 알림으로서 사회적 증거를 제시하고 A 기업과 함께라면 성공적 여행이 가능하리라는 기대감을 준다.

Where travelers like you go to escape

Here's where travelers in Boston go when they want to live elsewhere. Even if it's just for a week.

Get away

New York
Bright lights, long nights, museums.

San Francisco
The Golden Gate Bridge, steep hills.

Montreal
Poutine, Parisian culture, underground cities

Paris
Romance, philosophy, fine art

※ 위 이미지는 내용 설명을 위해 임의로 제작되었습니다.

개인화된 콘텐츠와 더불어 이메일 발송의 시의적절함도 성공의 비결이다. 일례로 미국과 쿠바 간의 국교가 정상화되면서 오랫동안 금지되었던 미국인의 쿠바 여행이 2016년에 허용되었다. 쿠바 여행이 가능해지자마자 A 기업은 쿠바 여행의 매력을 강조하는 이메일 뉴스레터를 발송하였다.

A trip 50 years in the making

Imagine dancing late into the night in Havana's
most bohemian clubs or enjoying cigars by the
shore after a baseball game. All of that is now
possible with us.
Meet our first 8 city hosts there. Thanks to
them, Havana is no longer off limits.

See all city hosts

※ 위 이미지는 내용 설명을 위해 임의로 제작되었습니다.

또한 A 기업은 사회적 증거를 활용하는 데도 능숙하게 이메일을 활용하고 있다. A
기업의 소셜 미디어에 올라간 콘텐츠를 적극적으로 활용하여 이메일 뉴스레터로 발
송하고 있다. 사용자가 인스타그램에 올린 사진을 거꾸로 이메일 속에서 보여주면서
장소에 대한 궁금증을 유발하여 사이트 방문을 유도하는 CTA를 활용하고 있다. '세

계 어느 곳에서 이런 아침을 맞이할 수 있을까요?'라는 제목의 이메일은 그 좋은 예이며, 인스타그램의 사진을 활용하여 매우 적극적인 소비자 참여를 이끌어내고 있다는 점에서 차별적이다. 또한 가끔은 '이 이메일이 마음에 드시는지요?'와 같은 정성적 질문을 통하여 이메일에 대한 솔직한 사용자의 반응을 모아 지표 확인에 반영하기도 한다. 이런 노력들을 통하여 이메일은 고객-기업 간 대화의 수단으로 바뀌었으며, 고객들은 보다 적극적으로 이메일을 개봉하게 되었다.

✎ 사례 3. 해외 화장품 회사의 드립 캠페인 ✎

자동화된 이메일 캠페인을 라이프사이클 캠페인, 혹은 드립(drip) 마케팅이라고도 한다. 드립 캠페인은 정해진 고객 여정의 단계에 따라 자동으로 마케팅 이메일이 발송되는 것을 의미한다. 예를 들어 새로운 고객이 뉴스레터에 구독하면 바로 환영 이메일이 발송될 것이며, 3일 후에는 고객이 관심을 보일만한 새로운 신제품을 안내하는 뉴스레터가 나갈 것이다.

7일 후에는 그 신제품을 구매한 고객에게는 감사의 메일이, 구매하지 않은 고객에게는 할인쿠폰이 제시된 촉진 메일이 각각 나가게 된다. 고객이 선택한 행동에 따라서 고객 여정의 다음 단계를 안내하는 이메일을 자동으로 보낸다.

미국의 한 화장품 기업(B)는 최근 가장 뜨겁게 떠오르고 있는 신생 브랜드이다. 이들의 성공 배경에는 소비자를 주역으로 참여시키는 스토리텔링과 제품의 감성적 품질 못지않게 성공적인 이메일 드립 캠페인이 있다. B 기업은 영리하고 전략적으로 신상품 마케팅을 진행하고 있으며, 동시에 이메일에서 놓치기 쉬운 고객의 흥미를 효과적으로 유발하고 있다.

2016년 새로운 세럼(serum) 신제품을 출시하면서 '더 슈퍼(The super)'라는 이메일 캠페인을 시작하였다. 이들은 우선 첫 번째 발송 메일에서 구매를 유도하기보다는 세럼이라는 제품이 왜 필요한지를 먼저 납득시키는 데 주력하였다. 총 7단계에 이르는 화장 순서와 각 단계별 적합한 제품을 보여주면서 현재 세럼에 해당되는 단계에 자사의 제품이 비어 있음을 상기한 것이다.

사진의 4번째 단계를 보면 비어 있는 제품 사진과 더불어 기대에 찬 눈 모양의 이모티콘을 통하여 신제품 출시에 대한 기대를 보여주고 있다.

※ 위 이미지는 내용 설명을 위해 임의로 제작되었습니다.

두 번째 드립 메일에서는 조금 더 직접적인 상품 출시의 단서를 제공하기 위하여 티저(teaser) 메일을 발송하였다. 보다 직접적으로 '무엇인가 오는 중(Something is coming)'이라고 이야기하되 '더 슈퍼'라는 브랜드만 포장 박스를 통하여 노출하고 제품은 노출하지 않는 방식으로 구독자의 호기심을 유지하였다. 본 제품의 정체에 대하여 궁금한 구독자는 '이게 뭐지?(What are those?)'의 CTA 버튼을 클릭하여 직접 B 기업의 홈페이지를 방문하고 상세한 정보를 확인할 수 있도록 유도하였다.

※ 위 이미지는 내용 설명을 위해 임의로 제작되었습니다.

세 번째 메일에서 비로소 신상품의 사진과 정체를 공개하였다. 그러나 '더 슈퍼를 만나세요(Meet The Supers)'라는 간단한 카피 이외에 상세한 제품 설명은 하지 않았다. 가격, 품질, 구입처 등 다양한 정보를 나열하기보다는 보다 궁금한 정보나 구매는 구매 CTA 버튼을 누름으로써 온라인 구매 사이트로 연결되도록 유도하였다.

Meet The Supers
Super Glow, Super Pure, and Super Bounce.

Three concentrated serums packed with essential nutrients to refill your skin's deficiencies, strengthening it day after day.

SHOP NOW

※ 위 이미지는 내용 설명을 위해 임의로 제작되었습니다.

지금까지 보낸 이메일을 통하여 B 기업에 대한 충성도가 높고, 세럼 제품에 대한 지식을 갖추고 있으며, 세럼 제품에 대한 즉각적인 수요가 있는 대부분의 구독자들은 구매를 하였거나 '더 슈퍼' 세럼에 대하여 충분한 인식을 하게 되었다. 이제는 비교적 쉬운 타겟 고객들에 대한 설득에서 세럼에 대한 니즈가 없는 어려운 고객들을 설득하는 단계로 나아가야 한다. 이를 위하여 네 번째 메일에서 B 기업은 신상품인 세럼

3종 각각에 대한 자세한 설명을 제시하고, 각 제품을 설명하는 미니 랜딩 페이지를 구축하는 방식으로 전환하였다. 세분된 고객별로 가지고 있는 피부 건조, 스트레스, 피로한 안색 등 피부 관리상의 문제점들을 구분하여 설명하고 맞춤 제품을 제안하는 방식을 통해 솔루션을 제안하는 방식으로 진행하였다. 명확한 제품의 가치 제안을 제시하고 있으며, CTA 버튼도 단순히 '구매하기'가 아니라 'Shop Super Bounce', 'Shop Super Pure', 'Shop Super Glow' 처럼 제안한 문제 각각의 해결책을 버튼 카피로 만든 점이 돋보인다.

※ 위 이미지는 내용 설명을 위해 임의로 제작되었습니다.

다음 단계의 다섯 번째 메일에서는 세럼 신상품을 다른 B 기업의 상품과 어떻게 조합하여 쓸 수 있는지에 대한 정보를 제공하였다. 이는 이미 다른 B 기업 화장품을 사용하고 있는 고객들에게 최적의 결과를 내기 위한 방법을 안내하는 동시에 관련된 다른 제품들을 교차판매 할 수 있는 기회를 제공하는 것이 목적이었다.

또한 여섯 번째 메일에서는 이미 세럼 제품을 구입하여 사용하고 있는 고객들의 사용 후기나 인스타그램에 올린 사진 등을 공유하는 메일을 발송함으로서 제품에 대한 사회적 증거의 제시에 주력하였다. 이메일에 사용된 모든 사진들은 모델들이나 상업적 촬영의 결과물이 아니라 실제 고객들의 인스타그램에서 허락을 받고 가져온 사진들이므로 믿음을 줄 수 있었다. 이를 통하여 구매를 망설이던 구독자들에게 제품에 대한 확신을 주었고 손쉽게 고객으로 끌어들일 수 있었다. 고객의 여정 단계별로 순차적으로 진행된 B 기업의 드립 이메일 캠페인은 치밀하게 설계된 영리한 캠페인 사례를 보여주고 있다.

It's The Supers!

Now enhancing faces (and shelves) nationwide.

@hsbd744

@zeolee

@abbynierman

@thebeatbeauty

SHOP THE SUPERS

※ 위 이미지는 내용 설명을 위해 임의로 제작되었습니다.

✎ 사례 4. 쇼핑몰의 이메일 캠페인 ✎

　클릭 한 번만으로도 모든 사이트의 가격 비교와 경쟁사로의 이탈이 가능한 이커머스 산업에서 이메일을 활용하여 새로운 가치를 소비자에게 전달하고 삭제되지 않고 읽히는 이메일을 보내는 것은 결코 쉬운 일이 아니다. 국내 역시 11번가, 옥션, SSG닷컴 등 대규모 이커머스 사이트는 물론이고, 쿠팡, 오아시스 마켓, 마켓컬리 같은 구독과 회원서비스 기반의 이커머스, 그 밖의 크고 작은 독립 몰 등 수많은 전자상거래 사이트들이 생존을 위한 경쟁을 벌이고 있다.

　2022년 기준으로 이들의 매출액은 크게 성장하였다. 쿠팡은 매출이 전년대비 54% 이상 성장한 22조 2,275억 원에 이르며, 오프라인에서 온라인으로 무게중심을 이동한 SSG닷컴은 전년대비 15.5% 성장하며 1조 4,942억 원에 이른다. 그러나, 이들 이커머스 사이트들은 TV 광고, 키워드 광고, 대형 이벤트 등 소모적인 대규모 커뮤니케이션 활동에 집중하고 있으며, 그 결과 수익성에도 부정적인 영향을 미치고 있는 실정이다. 동기간 쿠팡의 영업 손실은 14억 9,396억원, SSG닷컴의 손실은 1,079억 원에 달할 정도이다. 이런 사정은 다른 대부분의 이커머스 사이트들 역시 크게 다르지 않다. 이커머스 산업의 외형이 폭발적으로 성장하고는 있지만, 치열한 경쟁으로 인하여 수익성은 지속적으로 악화되고 있다. 향후에 매출 성장과 수익성 개선을 어떻게 추진할 것인가가 이커머스 산업의 공통적 과제가 될 것이며, 이메일 마케팅은 이런 문제 해결에 도움이 될 수 있다.

　미국과 영국에서 시장주도적인 화장품 전문 이커머스 사이트로 빠르게 성장한 C 기업의 이메일 마케팅 사례는 고객의 인게이지먼트를 강화함으로써 저비용과 고성장의 플라이휠을 구축할 수 있음을 보여준다. C 기업은 하버드 경영대학원 졸업생들이 2010년 설립하였고, 2021년에는 30만 명의 구독 고객과 50만 명의 활성 고객을 확보할 정도로 빠르게 성장하였으며, 화장품 구독 서비스의 원조로 여겨진다. C 기업은 가입자에게 4~5개의 선택된 메이크업 샘플 또는 기타 미용관련 제품 상자를 구독 형태로 제공한다. 이들의 핵심 비즈니스 모델은 수많은 화장품 제조업체와 협력하여 수

십만에 이르는 고객들이 원하는 제품을 찾아서 개인화된 형태로 전달하는 것이다.

주된 수익이 화장품 구독에서 발생하고 있기 때문에 기존의 고객과의 관계를 강화하고, 끊임없이 새로운 고객을 찾을 수 있는 적절한 마케팅 도구가 필요하였고, 이메일 마케팅이 C 기업의 핵심 마케팅 수단이 된 것은 당연한 수순이었다. 특히 C 기업은 회원가입의 옵트인 과정에서 자신이 선호하는 유형을 선택하게 하고, 이에 맞추어 이메일 캠페인을 전개한다. C 기업은 신규 가입한 고객들에게 약 2개월 동안 20통 이상의 연속된 이메일을 보낸다. 2~3일에 한통 꼴이다. 적지 않은 이메일 숫자임에도 불구하고 각 이메일은 전체적으로 달성해야 하는 공통의 목표 하에 메일 각각의 명확한 지침을 담은 캠페인 활동을 벌인다. 이들이 보내는 이메일의 일부를 소개하면 다음과 같다

구독 1일차 환영 이메일 발송 :

구독 폼을 채우고 가입을 완료한 순간, '만나서 반갑습니다(So nice to meet you)'라는 제목의 첫 환영 이메일이 자동적으로 발송된다. 본문을 요약한 프리헤더의 내용은 첫 구독 폼에서 선택한 관심사에 맞춤형으로 나타난다. 예로, 뷰티를 관심사로 표시한 경우 '손쉽게 뷰티를: 새로운 제품을 찾는 것은 어렵지만, 반드시 그렇지는 않습니다'와 같이 관심을 끌만한 내용이 프리헤더로 사용된다. 이 문장은 충분히 친근감을 주면서 동시에 C 기업의 핵심적 가치인 편리함을 잘 드러내고 있다. HTML로 구성한 이메일 콘텐츠의 레이아웃과 미적인 감각, 그리고 브랜드와 일치하는 색상 선택은 C 기업 브랜드 정체성을 잘 드러내고 있다. 또한 보다 적극적인 구매행동을 이끌어내기 위하여 첫 구독 고객을 대상으로 한 할인 쿠폰, 무료 배송 혜택 등 구체적인 혜택을 제공한다. 그리고 페이스북이나 인스타그램 구독을 위한 추가적인 소셜 미디어 링크를 이메일의 푸터(footer)에 삽입하여 브랜드와 구독자간의 관계 형성 기회를 활용하고 있다.

주요 시즌별 프로모션 이메일 발송 :

발렌타인데이 등 수요가 증가하는 주요 시즌에 맞추어 가격 할인 쿠폰을 동봉한 프로모션 이메일을 발송한다. 지난 발렌타인 기간 동안 C 기업은 '모든 제품을 20%할인 받고 우리의 발렌타인이 되세요(Be our Valentine with 20% off our entire site)'라는 이메일을 발송하

였다. 이때 구매를 촉진하기 위하여 개인이 축적한 마일리지 포인트 점수를 메일 본문 중 제시하였고, '풀사이즈 제품 구매(shop full size goods)', '샘플 구독(gift subscriptions)', '마음껏 자신을 위하여 즐기기(treat yourself)'의 3가지 카피를 가진 3개의 CTA버튼을 메일 메시지 중앙에 배치하여 구매를 촉진하고자 하였다.

구매 촉진을 위한 이메일 및 리마인더 발송:

프로모션에 대한 관심을 다시 높이기 위하여 '일부 품목의 40% 세일이 오늘 끝남(40% off our sale category ends today)' 같은 제목의 이메일을 리마인더로 발송한다. 특히 리마인더 메일은 이메일 리스트에 있는 모든 수신자에게 보내기 보다는 아직 구매를 하지 않았거나 이메일을 열어보지 않은 잠재고객 집단을 별도 세그먼트로 지정하여 발송하며, 시간적으로는 가격할인 행사 종료 마지막 전날에 발송하여 수신자의 관심을 높인다. 메시지 내용으로는 가격적 할인의 혜택을 가장 큰 폰트체로 강조하며, 동시에 새로운 100개 이상의 세일 아이템이 추가되었음을 제시하여 이미 메일을 과거에 수신한 고객들도 관심을 가지도록 구성하였다.

※ 위 이미지는 내용 설명을 위해 임의로 제작되었습니다.

품목별 촉진 이메일 발송:

향수, 로션 등 특정 품목에 대하여 할인 코드가 포함된 프로모션 행사 안내 이메일을 발송한다. 특히 메시지를 작성할 때 특정 품목의 특징을 캡처한 이미지를 사용하여 품목별 이벤트임을 강조하였다. 메시지의 카피라이팅은 '냄새를 킁킁 맡다 혹은 작은 정보를 확인하다 (catch a whiff..)'와 같이 중의적으로 해석될 수 있는 감각적 언어를 사용하는 방식으로 크리에이티브를 강조하였다.

※ 위 이미지는 내용 설명을 위해 임의로 제작되었습니다.

월초 이메일 발송 :

새로운 월이 시작되기 수일 전에 새로운 계절이 돌아옴을 알리는 이메일을 발송한다. 예로 3월이 오기 전에 '이미 찾아 온 봄: 마음껏 즐기세요(Spring is in the air. Treat yourself)' 라는 이메일을 보내며, 계절에 필요한 제품군들을 소개한다. 계절에 필요한 보습 제품이나 색조 화장품등을 소개하며 '3월 박스(March box)'라는 묶음 형태로 구매를 촉진한다. 봄을 연상시키며, 세련된 이미지를 보조 도구로 활용하여 계절의 변화를 강조한다.

※ 위 이미지는 내용 설명을 위해 임의로 제작되었습니다.

이처럼 C 기업은 가입 이후 다양한 내용들을 담은 이메일들을 고객 활성화를 위하여 필요하다고 판단되는 시점에서 끊임없이 반복하고 있다. 물론 이는 이메일 마케팅이 고객 퍼미션을 먼저 획득하였다는 점, 그리고 캠페인 비용이 거의 무료에 가깝다는 장점 때문에 가능한 방식일 것이다. 가입 후 약 2개월간의 이메일 발송 내용과 스케줄링을 요약하여 예시하면 다음과 같다.

- 1일차 : 환영 이메일
- 2일차 : 시즌별 프로모션 안내 이메일
- 5일차 : 프로모션 안내 이메일
- 8일차 : 시즌별 프로모션 안내 이메일
- 9일차 : 프로모션 재안내 (리마인더 이메일)
- 11일차 : 프로모션 안내 이메일
- 12일차 : 품목별 프로모션 안내 이메일
- 13일차 : 환영 이메일 (리마인더 이메일)

- 15일차 : 새로운 월 시작을 기념하는 프로모션 이메일
- 17일차 : 구독 촉진 프로모션 이메일
- 18일차 : 프로모션 안내 이메일
- 19일차 : 무료 경품 프로모션 안내 이메일
- 21일차 : 스페셜 이벤트 안내 이메일
- 22일차 : 무료 경품 프로모션 안내 이메일
- 27일차 : 스페셜 이벤트 안내 이메일
- 33일차 : 프로모션 안내 이메일
- 40일차 : 구독 촉진 프로모션 이메일
- 41일차 : 파트너십 프로모션 이메일
- 42일차 : 무료 경품 프로모션 안내 (리마인더 이메일)
- 45일차 : 프로모션 안내 이메일
- 47일차 : 새로운 월 시작을 기념하는 프로모션 이메일
- 54일차 : 무료 경품 프로모션 안내 이메일

이메일 마케팅
실무 팁

INDEX.

e

✏ Tip 1. 인하우스 VS 아웃소싱 ✏

커뮤니케이션 전략을 실제로 수행할 때 초기에 결정해야 하는 사항 중 하나는 광고나 커뮤니케이션을 기업 내부에서 직접 수행할 것인가 혹은 전문적인 외부 대행사를 활용할 것인가이다. 이메일 캠페인 역시 동일한 고민에 처한다. 이메일 마케팅 관리에 필요한 발송과 개인화된 마케팅 플랫폼을 내부에서 개발할 것인가 혹은 이미 구축된 외부의 상용 플랫폼이나 외부 전문 대행사를 이용할 것인가를 결정하여야 한다. 각각의 선택에 따라 장단점이 존재하기 때문에 최선의 선택보다는 최적의 선택이 존재한다.

인하우스 운영은 기업이 내부에 이메일 마케팅을 전담할 조직을 설립하고, 자체적으로 필요한 도구들을 개발하거나 직접 활용하는 것을 의미한다. 이 경우 초기 구축 비용은 소요되지만 전반적으로 보다 저렴한 비용으로 운영되며 실행 단계에서 높은 통제권을 갖는다는 점이 있다. 대부분 기업의 웹사이트를 구축할 때 부수적 기능으로 이메일 발송과 관리에 대한 기능을 개발하여 이용하거나 혹은 CRM 고객관리 시스템의 일부로서 이메일 캠페인 기능을 구축하여 활용한다. 홈페이지 저작 도구인 워드 프레스와 관련 부속 설치 프로그램들은 관련 메일 관리 기능들을 지원한다. 마케팅 운영 직원 역시 내부 임직원이 담당하므로 자사 상품과 서비스, 브랜드에 대한 풍부한 지식과 애정, 그리고 높은 브랜드 이해도를 가지고 있으며, 전담 직원이 업무 시간 내내 몰입하여 관리할 수 있는 장점이 있다. 그러나 별도의 전문 인력 고용에 따른 교육훈련 및 인건비 부담, 시스템의 구축, 개발, 관리, 이후의 업그레이드의 비용을 직접 부담해야 한다는 단점도 있다. 상대적으로 외부 상용 프로그램들이 고객의 요구를 반영하면서 빠르게 업그레이드를 하고 있는 것에 비하여 시장 요구 변화를 반영하는 속도는 느린 것도 잠재적인 단점이다.

반면에 아웃소싱 활용은 상용으로 구축된 이메일 마케팅 플랫폼을 구입하거나 맞춤화 형태로 변형하여 사용하는 것을 의미한다. 이미 풀 패키지 형태로 개발된 플랫폼을 단지 이용만 하는 경우에는 빠른 도입이 가능하지만, 사용 기업의 특수한 요구를 반영하여 외부 개발로 진행되는 경우에는 구축 및 개발 시간과 비용이 많이 소모

되며 전문적 개발 인력이 필요하다. 아웃소싱을 통하여 매월 투입되는 이메일 마케팅 비용을 비교적 균질한 수준으로 통제할 수 있고, 다양한 기업들이 오랫동안 사용한 플랫폼을 활용하기 때문에 신뢰성이 높다. 그러나, 다양한 기업들에게 서비스를 제공하는 아웃소싱 광고회사들과 마찬가지로 다수의 기업이나 브랜드들을 동시다발적으로 지원하기 때문에 자사의 기업이나 브랜드에 대한 이해도는 상대적으로 낮다. 그 결과 개별 기업의 요구사항을 대응하는 운영상의 유연성은 부족할 수 있다. 일반적으로, 기업 규모와 마케팅 지원 능력이 상대적으로 큰 대기업 등에서는 완벽한 통제권을 행사하고 소중한 개인정보와 기업 비밀을 보호하기 위하여 인하우스를 선호하는 편이지만, 중소기업이나 스타트업의 입장에서는 자체 구축보다는 이미 잘 개발된 다양한 상용 플랫폼을 구독하는 것이 비용이나 효과성 면에서 더 뛰어날 수 있다.

	장점	단점
In-house 개발	• 저렴한 운영 비용 • 완벽한 통제권 • 기업 상품과 브랜드 이해도 • 풀 타임 몰입도	• 구축 및 개발 시간과 비용 • 전문 인력의 고용 필요 • 업그레이드 등 반영 속도
Out-source 활용	• 폭넓은 외부 전문인력 접근 • 예측가능한 고정 월간 비용 • 플랫폼의 높은 신뢰성 • 초기 구축 비용이 저렴	• 플랫폼에 대한 통제권 약함 • 아웃소싱 공급사 역선택 • 개별 기업 요구 대응 등의 유연성 부족

✏ Tip 2. 이메일 마케팅을 위한 외부 자원들 ✏

이메일 마케팅을 종합적으로 관리해줄 수 있는 SaaS(Software as a Service) 형태의 대표적인 서비스로는 글로벌 표준이 된 메일침프와 국내 기업이 개발한 스티비 등이 대표적이다. 메일침프는 이메일 콘텐츠 템플릿은 물론이고 이메일 발송 자동화, 메일 머지를 통한 개인화 등 다양한 기능을 제공하고 있으며, 강력한 자동화된 고객 세분화 기능을 제공한다. 스티비 역시 유사한 기능을 제공한다. 이들 소프트웨어들은 옵트인과 옵트아웃을 효과적으로 관리할 수 있게 해준다. 그러나, 이들 이외에도 실제 이메일 마케팅에 도움이 되는 다양한 써드파티(3rd party) 솔루션들과 이메일 관리 솔루션들이 다수 존재하고 있다.

1) 도트메일러

: 대중적인 스티비나 메일침프와 다르게 보다 다양한 기능과 분석 기능을 제공하는 새로운 이메일 마케팅 플랫폼들도 속속 등장하고 있다. 대부분은 아직 국내 시장보다는 해외 시장에서 사용되고 있으나, 국내 이메일 시장 성장에 따라 한글화가 될 가능성도 있으며, 일부 플랫폼들은 영문화 상태로 사용하더라도 충분히 좋은 성과를 기대하게 한다.

이 중 도트메일러(https://dotdigital.com)는 보다 전문적인 고객관리 기능에 특화되고 있으며, 이메일 내에서 간단한 설문조사를 진행할 수 있는 서베이 폼을 제공하고 있다. 또한 마케팅에 활용할 수 있는 다양한 무료 템플릿과 분석 도구들을 제공한다.

그 외 인공지능을 활용한 상품 추천 알고리즘 기능을 지원하고 있으며 CTA 버튼을 활용한 A/B 테스트를 진행해볼 수 있다. 또한 직접적인 이메일 관리 소프트웨어는 아니지만 콘텐츠 제작이나 이메일 성과 추적 등에 도움을 주는 다양한 솔루션들이 존재하고 있다. 이런 다양한 소프트웨어를 잘 숙지하고 활용한다면 실제 이메일 마케팅의 진행에 큰 도움이 될 것이다.

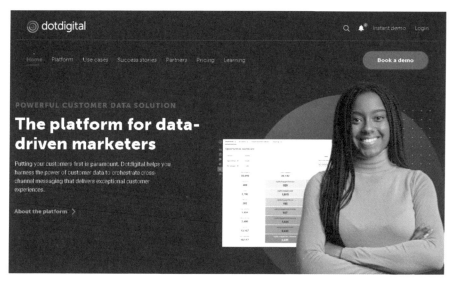

▲ 도트메일러

2) 캠페인 모니터

: 이메일 마케팅 켐페인 관리에 강점을 보이는 캠페인 모니터(https://www.campaignmonitor.com)는 고객 여정을 상세히 분석하고, 이들 개개인의 고객 여정별 맞춤형 이메일 발송에 장점이 있다. 마케팅 자동화에 관심을 가지고 있으며, 강력한 A/B 테스트, 성과 추적 및 최적화 기능을 가지고 있다.

▲ 캠페인 모니터

3) 이미지 플랫폼

: 이메일 메시지를 작성할 때 사진, 동영상 등 이미지의 편집과 콘텐츠 작성을 위하여 어도비 포토샵이나 일러스트레이터 등 편집 프로그램의 도움을 받아야 하는 경우가 빈번하다. 이를 담당할 수 있는 전문 디자이너가 확보된 상태라면 별다른 문제 없이 양질의 결과물을 활용할 수 있지만 1인 기업이나 자영업자, 혹은 별도의 디자이너가 없는 경우에는 난이도 높은 이미지 작업은 큰 장애요인이 아닐 수 없다. 최근에는 포토샵 등에 능숙한 전문적인 디자이너 없이도 양질의 결과물을 만들 수 있는 디자인 플랫폼도 다수 등장하고 있다. 대표적인 디자인 플랫폼은 칸바(https://www.canva.com/ko_kr), 망고보드(https://www.mangoboard.net), 미리캔버스(https://www.miricanvas.com) 등이 있다. 이들 서비스들은 미리 구축된 템플릿 라이브러리를 활용하여 사진이나 문구를 교체하는 등의 간단한 수고만으로도 이메일 메시지에 삽입할 수 있는 카드뉴스, SNS 이미지, 인포그래픽, 랜딩 페이지, 웹툰, 배너 광고, 인스타그램 스토리, 유튜브 커버 등 다양한 이미지 결과물을 손쉽게 얻을 수 있다. 망고보드나 칸바는 무료 혹은 유료로 사용이 가능하며, 미리캔버스는 완전한 무료로 운영된다.

▲ 망고보드

✏ Tip 3. 이메일 마케팅의 주의사항 ✏

이메일 캠페인은 민감한 개인 정보를 바탕으로 진행되는 데이터베이스 마케팅이다. 그 결과 실제 캠페인을 진행하는 과정에서 예상하지 못했던 일들을 겪거나 다양한 잠재적 위험 사항들을 미리 대비하여야 한다. 특히 개인 정보 보호에 대한 관심과 처벌 수준이 강화되면서, 예전에는 대수롭지 않게 보냈던 광고성 이메일에 대한 위반 사례가 기사화되고 있으며, 고객들의 불만도 더 적극적으로 제기되고 있는 실정이다.

IT 전자 통신
"한국에서 개인정보 대놓고 수집" 막 나가는 중국 게임

개인 정보에 대한 민감성 중대

시사 · 단독기사
[단독] 서울대병원, 해킹당했다... 개인정보 유출 가능성도
환자 민감한 의료 정보는 포함 안 된듯

기자도 낚일 뻔한 이메일 피싱, 조금만 방심해도 털린다

개인정보위, '최소수집 원칙' 위반 코빗에 과태료 480만원
부과

유연계좌 해지시 신분증 사진 요구... 최소수집 원칙 위반
코빗 관계자는 '2010년 11월 이후부터 신분증 사진 요구 제지   **구글 어시스턴트 '개인정보 침해 논란' 법정 간다**

"330만 명 이상 개인정보 유출" 페이스북 집단분쟁조정 시작

어떤 기업도 기업을 둘러싼 법, 제도, 소비자 요구 등 주변 환경 요인을 무시하면서 생존할 수는 없다. 이에 마지막에서는 잘못된 이메일 마케팅 사례를 돌이켜 보면서 마케팅 집행 시의 유의사항을 다시 한 번 확인하고자 한다.

1) 퍼미션 없는 데이터 수집과 활용

: 기업이 고객의 퍼미션을 받지 않더라고 그들의 개인 정보를 수집할 수 있는 방법은 여전히 존재한다. 일례로 중고거래 사이트나 블로그를 보면 개인 간 연락을 위해서 이메일 주소나 전화번호를 남긴 경우를 쉽게 볼 수 있다. 개인 정보는 아니지만 당근마켓이 사업 초기에는 동네에 배포된 전단지나 벼룩시장 정보를 모아서 초기 앱 정보를 구축한 사례도 있다. 다른 기업이 사용 중인 고객 리스트를 얻게 된다면 대량의 고객 데이터베이스를 빠르게 구축할 수도 있을 것이다. 이렇게 모인 메일 주소나 전화번호를 별도로 수집하여 목록을 만든 후 문자나 메일을 보내도 문제가 없을까?

이런 경우 보통 옵트인의 퍼미션은 성립되지 않으며, 옵트아웃 형태의 퍼미션만 가능한데, 아직 국내에서 이런 형태의 개인 정보 수집과 활용은 허용되지 않는다. 개인이 연락처를 이들 사이트에 게시한 목적은 통상 특정한 상대방과 연락을 취하기 위함이지 불특정의 기업으로부터 메시지를 받기 위해 올려둔 것이 아니기 때문이다. 이 경우는 엄밀하게 말하면 고객의 동의 없는 개인 정보의 무단 이용에 해당되어 최대 3천만 원 이하의 과태료 부과대상이 될 수 있다.

만일 이런 정보들을 광고나 홍보에 이용하려면 이용자에게 별도의 동의를 받아야만 한다. 설문지를 통하여 이메일을 수집하는 경우에도 향후 이 연락처 정보가 광고나 홍보에 이용될 수 있음을 반드시 밝히고 사전에 퍼미션을 받아야 할 것이다. 제휴를 통하여 개인 정보를 취득하는 경우에도 이벤트 동의서나 제휴마케팅 제3자 제공동의서도 사전에 반드시 확보하여야 한다.

2) 광고임을 밝히지 않은 이메일

: 발송하는 이메일이나 문자 제목에 광고임을 밝히고 시작한다면 아무래도 외면받기 쉽다. 일부 이메일 클라이언트 프로그램은 이용자의 선택이나 자동 옵션에 따라 '광고'라는 단어가 포함되어 있는 모든 이메일을 수신 차단하는 경우도 많다. 당연히 기업들은 이런 결과를 회피하기 위하여 광고라는 문자를 메시지 어디에도 넣고 싶지 않을 것이다. 그렇다면, 광고성 이메일에 광고를 표시하지 않아도 될까? 결론적으로 말하면 안 된다. 광고나 홍보성 정보의 제목의 첫 단어를 광고로 표시하도록 한 취지는 이용자가 원치 않는 정보를 쉽게 피해서 스스로 필터링 할 수 있도록 하기 위함이다. 이메일뿐만 아니라 광고성 팩스나 문자 등도 반드시 광고 제목 맨 앞에 광고임을 밝혀야 한다. 이를 위반 시 역시 3천만 원 이하 과태료 부가 대상이다. 간혹 광고를 표시하기는 하지만 동시에 이를 회피하기 위한 고육지책으로, 광고라는 문구 앞뒤에 특수기호나 공란을 삽입하거나, 광고라는 단어를 특별 광고, 고객 광고 등으로 단어를 바꾸는 경우도 있다. 필터링을 피하기 위한 방법이지만 역시 과태료 부과 대상이며, 불법 광고가 될 수 있다.

3) 광고 발송시간의 제한

: 유독 퇴근 후 모임이 많고 밤 문화가 잘 발달된 한국적 특성으로 최근 직장인의 활동시간

이 밤 이후에서 심야 시간대까지로 확대되고 있다. 이런 상황은 많은 기업들에게 야간에 광고를 보내고 싶은 욕구를 느끼게 만든다. 일례로 새벽 배송을 하는 유통기업이라면, 새벽 배송 마감 시간인 12시 직전에 스마트폰 문자로 할인 쿠폰을 보내고 싶을 것이다. 이런 경우에 문제가 없을까? 결론은 이메일은 문제가 되지 않지만, 문자 메시지는 문제가 될 수 있다. 사전에 광고성 정보 발송에 대하여 고객 동의를 받았다고 하더라도 야간 시간대에 광고성 정보를 보내기 위해서는 별도의 수신동의가 한 번 더 필요하다. 오후 9시에서 다음 날 오전 9시까지는 별도의 추가 동의 없이 발송되는 광고성 정보를 허용하지 않으며, 위반 시에는 과태료 대상이 된다. 다만 이는 문자나 앱 푸시, 텔레마케팅처럼 즉각적으로 사생활을 방해할 수 있는 수단에만 해당되며, 즉시성이 낮은 이메일은 대상에서 제외되어 있다.

4) 탈퇴자에 대한 처리

: 고객이 수신 거부나 동의 철회를 하게 되면 자연스럽게 기업의 발송명단 데이터베이스에서도 고객의 이름은 삭제될 것이다. 그런데 이것으로 충분할까? 관련 법령에 의하면 수신자가 수신 거부나 동의 철회를 한 경우에는 그날로부터 14일 이내에 처리결과를 통보해야만 한다. 이를 위반한 경우 1천만 원 이하의 과태료 대상이다. 또한 향후에 고객이 항의할 수 있으므로, 처리 결과에 대한 증빙을 기업이 갖출 것을 요구한다. 철회 결과에 대한 통보는 보통 이메일로 진행되는데, 발송기록을 보관하거나 녹음, 복사 등의 부수적 행동이 필요할 수 있다.

5) 그룹 메일 발송의 주의사항

: 고객 명단을 그룹으로 묶은 다음 그룹 전체를 대상으로 이메일을 발송할 경우 수신자 이외에 다른 수신자 전체의 명단이나 이메일이 수신자 목록에 공개되는 경우가 있다. 이는 문제가 없을까? 당연히 문제가 된다. 이처럼 그룹 메일로 보낸 경우에 메일 수신자는 이 메일이 개별화된 메시지가 아님을 눈치채게 되고, 관심을 두지 않을 수 있다. 그러나 더 큰 문제는 다수의 이메일 주소가 타인에게 무방비로 공개됨에 따라 개인정보보호법상의 개인 정보 유출 사례에 해당될 수 있다는 점이다. 이는 최대 5천만 원 이하의 과태료 대상이 될 수 있다. 메일 머지 등의 기능을 활용해서 타인의 이메일 주소를 가리기 위한 노력이 필요하다.

이와 같은 개인정보 보호에 대한 무지와 무관심으로 금전적 손해는 물론 브랜드 이미지 손상을 겪는 경우들은 어렵지 않게 발견된다. 이메일 마케팅의 시작과 끝은 철저한 개인정보를 보호함으로써 고객의 믿음에 답하는 것일지도 모른다.

저자협의
인지생략

고객 도달률을 높여주는

실전!
이메일
마케팅
E-MAIL MARKETING

1판 1쇄 인쇄 2022년 9월 1일
1판 1쇄 발행 2022년 9월 5일

—

지 은 이 이원준
발 행 인 이미옥
발 행 처 디지털북스
정   가 15,000원
등 록 일 1999년 9월 3일
등록번호 220-90-18139
주   소 (03979) 서울 마포구 성미산로 23길 72 (연남동)
전화번호 (02) 447-3157~8
팩스번호 (02) 447-3159

—

ISBN 978-89-6088-409-0 (03320)
D-22-12

DIGITAL BOOKS
디지털북스